日常教学的情调

张文质 著

长江出版传媒 长江文艺出版社

图书在版编目（ＣＩＰ）数据

日常教学的情调 / 张文质著. -- 武汉：长江文艺
出版社，2021.12
　　（大教育书系）
　　ISBN 978-7-5702-2186-8

　　Ⅰ. ①日… Ⅱ. ①张… Ⅲ. ①课堂教学－教学研究－
中小学 Ⅳ. ①G632.421

　　中国版本图书馆 CIP 数据核字(2021)第 105524 号

日常教学的情调

RICHANG JIAOXUE DE QINGDIAO

责任编辑：施柳柳　李婉莹　　　　　责任校对：毛　娟
封面设计：扁舟 BZ　　　　　　　　　责任印制：邱　莉　杨　帆

出版： 长江出版传媒｜ 长江文艺出版社
地址：武汉市雄楚大街 268 号　　　　邮编：430070
发行：长江文艺出版社
http://www.cjlap.com
印刷：武汉市籍缘印刷厂

开本：710 毫米×970 毫米　　　1/16　　印张：11　　　插页：1 页
版次：2021 年 12 月第 1 版　　　　2021 年 12 月第 1 次印刷
字数：107 千字

定价：36.00 元

自序：所有的改善都在耐心之中

诚实地说，到底要不要出这本书，我犹豫了很久。这些即兴的、临场的关于教学的话语，在我自己看来也是有很多破绽的，无论我怎么去思考教育问题，我都知道这是人类的一个永恒命题，我几乎无法在这里面添加什么可靠的见识。当然我并不会为之感到苦恼，相反每次讲课或是对教学做评点之时，我都是很享受与人交流的乐趣的。这就是我们的一种生活，我们有特别的愿望赋予这样的生活以各种意义，我们也能从中感受到教育所带来的具体的生命的变化。总之它既是一种困难，又是我们可以称之为命运的状态。

我一直做着老师，至少这是我自己从内心认定的，虽然我已经很久没有在一个具体的班级上课了，我变成了观察者、记录者与思考者。但同时我又把自己看作一个"不在场"的"在场者"，所有的思考都与真实的教育生活关联在一起，很多属于我的常用、专用也可能是误用的词汇，由此而产生。每个研究者也许都有机会以自己的词汇为标识，加入众生喧哗的生命场。这是一种教育者的天真，所有热情变革的努力，都会产生一些积极的后果。大概这也是朋友们听我讲课或读到我的书时能够得到的一点收获。尤其是这些年，我的目光更多地聚焦到了"本土性"这个命题上，我更相信微小、点滴、持续、改善、校对、信赖等这些个体建设者的词汇，虽然它们可能显得很卑微与软弱，但终归能在具体的教育生活中显示出一些价值。

总之，我会继续工作，并以自己的方式做这个剧烈变化时代中教育的见证者、推动者。

目 录

下卷　在教学现场

上卷

通向灵动的智慧

神秘的事业

提到"复杂的教育思考能力"，这种复杂性就像我推崇的法国哲学家埃德加·莫兰在《复杂性问题》中提到的，他认为世界万物本身就是极为复杂的，所以我们不能用简单的方式去思考一个问题。

比如，在一次讲座中，我提出问题后发现大家都不回应，这让我有一种很强烈的挫败感。我如果要了解真相，会发现其实它的背景是很复杂的。教育本身也是这样，所有在人身上发生的问题，哪怕已经被重复过千百万遍，但对某个生命个体而言，这个问题仍然很复杂。它有很多的根源，有很多的理由，有很多的影响，共同造就着这种复杂性。

美国著名的教育家杜威，是一个很长寿的人，他活了九十多岁，学术研究生涯长达七十多年。杜威到了晚年还在跟自己的学生感慨："教学真的是一个神秘的事业。"他说的"神秘的事业"，一方面是指教学没有什么终南捷径，不可以一步到位，也并非是简单易操作的；另一方面，他也承认，他穷其一生都不可能达到全面揭示教育真相的境地。

我当过很长时间的教研员，听了很多课。就教学本身来说，有很多因素在影响着教学的可能性。很多因素，可能都会使某种教学变得复杂，使某些尝试达不到预期的效果。

记得有一次我到县里去听课，一位老师上课时信心满满，也很热情。在课堂提问时，坐在前排的一个男孩儿回答问题，老师给了他充分的肯定——第一次提问，有学生呼应，老师很高兴，就把机会给了他。但是没有想到，课堂转折就从这里开始了，后来所有的问题，这个学生都举手，而且都要抢着回答。后面整个教学就被这个孩子打乱了，所有听课老师都把注意力集中在这个孩子身上，关注这个孩子提出了什么问题，老师是怎么回应的。

我们有时会把教学看成对某种知识的探险，这是对的，但教授知识有时候是需要在熟悉学生的基础上进行的。奥苏贝尔曾说，所谓有意义的教学就是：教师首先要知道学生知道什么，也就是教师先要知道学生的各种状况。因为那天那个老师是借班上课的，他完全不知道有一个孩子是有着"人来疯"这种气质的。你鼓励他，他就会更来劲，令教学没办法正常进行。这看上去是一件很简单的事，我们可以把它称为"教学失控"。但这个教学失控，你又不能简单地认为是因为老师能力不够，你可以设身处地去想，如果你作为一个教师，会怎么处理？

你会发现，处理起来很困难。教学有几个特征：第一，教学是公开进行的，众目睽睽之下，单独处置会有麻烦；第二，教学是一种线性的状态，时间是快速流动的，你不能随便中断（偶尔一次也许可以，但是我们不可能在一堂课中中断10次，然后再开始）；第三，所有的教学都是有历史背景的。

这种复杂性，如果推及到人的生命中去，有些是与生俱来的，而有些过度的热情却是病理性的。如果是病理性的，老师是真没有办法解决。我们如果想说某些教学是失败的，要很谨慎，不能很轻易地就下判断。同时，教学从来不是孤立的事件，它是一个持续的过程。

除非你能对某个教师的教学做一个持续的观察，就像佐藤学那样一直在学校观察，并把看到的一切都拍下来，再做细致地分析。也许只有这样，我们才可能对教育的真相有所察觉。作为教研员，一方面我们肯定有一定的权威；但另一方面我们要更谨慎地使用这个权威，而不仅仅是对现场呈现出来的现象，对可能影响教师职业生涯的某些东西做一些评判。因为这样的评价，有时候可能不够慎重。

埃德加·莫兰对复杂性的思考，给了我很大的启迪，我会更多地想到人性，想到人无能为力的一面，想到人的很多尴尬的一面，想到人有些时候处境其实是很艰难的，以及人到底是怎么学习的。

美国科学家说过，我们现在仍然没有解决人是怎么学习的这个问题。我在自己的成长中也有这种感觉。在很长的一段时间内，我在学习上遭遇到很大的困难。我读到高一的时候，数理化三门加起来总分不到六十分，真正是一个学业失败的人，是一个让父母感到很绝望的人。当时高一的班主任当着全班同学的面说："张文质还想考大学？我看他连进重点班都不可能。"

但到了高二以后，我上了文科班，突然感觉到自己的任督二脉被打通了，学习成绩突飞猛进，读的书过目不忘。到底为什么会有这样的变化？也可能只是我很勤奋，也可能是我有了奋斗目标，其实真的说不清楚。老师也说不清楚，一个人怎么突然变聪慧了？

也许这些只能从意志力、觉悟来看，但我觉得可能比这还要复杂一些。这种复杂性，其实给我们这样一种提醒：教师这个职业是一个谨慎的职业，我们对学生真的没有洞见力，我们应该做的最重要的事情是——不要把学生教坏了。

小学老师教我语文时，其实什么都没有教。上大学的时候，我只读对了自己名字"张文质"中的一个字——文。大学同学问我叫什么名字，我说我叫"江文计"，同学觉得这名字怎么这么古怪呀。过了两天，辅导员开始点名，我还记得那个瞬间，他点到"张文质"时，全宿舍的同学都笑了，才知道我叫"张文质"，而非"江文计"。后来，"江文计"就成了我的绰号，现在聚会时同学还叫我"江文计"。福建同学的普通话大体都这样，因此在现代汉语普通话测试时就会遇到问题。

后来我就有一种意识，在基础教育阶段，教师在教学知识方面的局限性不是一件可怕的事情，因为人可以不断再学习，可以遇到更好的老师，可以不断重读、再读，其实人都有一个自我改造的系统，这是人生命里最可贵的一种本能。但作为教师，如果你把学生的渴望学习、自我提升、自我学习的路堵住了，那才是最可怕的一件事。

比如，我高一的英语老师说我不可能上好大学，连进重点班都不可能。说实在的，后来对我有影响的不是他这句话，而是他教的英语学科。学英语成了我精神上最大的障碍。我在学英语的时候，总是会想到这个老师，因此对我来说，想把英语学好就成了一件非常困难的事情。我们经常说"亲其师，信其道"，但如果一个老师在你的精神里面是一个恶魔般的存在的话，那么这个学科就会成为"老师的化身"，你要战胜它就非常困难。所以，换一句话就是：老师一定要做一个坚定的建设者。

"坚定的建设者"的概念，跟我们一般意义上的"建设者"是不一样的，它来自美国心理学家罗杰斯的观点：无论遇到什么事情，你都不要轻易地沮丧，不要轻易地妥协，不要轻易地承认失败，要去直面它，"这不是你的错，这是你的命"。另外，更重要的是承担它。比如，你的学生就是这样子了，你要怎么去承担？你要怎么去改善？

我们需要有转换能力。同样受苦难，有的人可以把它转化成一种精神的力量："我已经受过这样的苦难，我还有什么惧怕呢？"而有的人则把苦难变成了精神的盲区、精神的陷阱，把它变成了不能碰触的地方，我把它称为"生物疤痕"，这会使人不断回避。一个人想要不断地超越自我，是一件极其困难的事情。

比如，我有时挺害怕讲课。我以前性格很内向，这跟我的童年经历有关：压抑的成长环境，极少得到赞赏与鼓励，所以我越来越自卑。其实当你意识到这些后，你会面对很多的挑战，这本身就是一种刻意训练。另外，当你把心中的恐惧说出来的时候，你就没有那么恐惧了，这也是一种转化。

在心理学发展史上，也有很多有意思的事情：在弗洛伊德的心理学中，有很多关于宿命、神秘的论点，到了其弟子和再传弟子那里，就变成了很积极的心理学；一些比较阴郁的、宿命论、决定论的心理学，到了美国后，就转化成推动社会进步、推动人类精神自我改善的人本主义心理学。

说到这里，我想起我有一位朋友曾说，教师就应该是一个彻头彻尾的乐观主义者。教师这个职业，本身是一个对象性的职业，其核心任务是让人变得更好（你要更好，核心是精神状态更好），这是它职业的最高宗旨。我们的知识结构、生活经历、理解力，各种限制都是客观的事实，但我们能否一直保持一种对职业的热情呢？这点就极为重要。

有一次，我跟一位德国朋友就这个问题探讨：在德国，老师是怎么改善职业倦怠的？她说要从源头上避免职业倦怠，一定要让在内心里真的想当教师的人来当教师。在德国，教师是从高中生中筛选出来的，这些人要读完教育类的大学，再读研究生，还要到学校见习两年，经认定合格，才能拥有终身职业（公务员）。此后不再进行任何的职称评定，按年限定级，所以老师有很强的职业认同感。朋友最后给我归纳出三点：

第一，热爱；第二，有良好的专业素养；第三，有比较优越的职业待遇。

这三点我们做得都不够好，所以今天我们要在培训上投入大量的精力。但我大概在十五年前就说过，好教师不是仅通过培训就能造就的。

如果追根溯源地问什么人才能当教师，我有三个标准：

第一点：童年过得好。童年过得好的人，本身更快乐，更有生命的热情，更有童心，更愿意与人交往。

第二点：不差钱，家境良好。不为物资发愁的人，从事教师职业后，更安心，更专心。

第三点：身体好，体力好，有强健的身体。有强健身体的人，更有可能有一个良好的性格。一个人情绪低落与他身体的疲劳有很大的关系。

"不教之教"

生命化教育缘起于 1993 年，真正落地是在 2002 年，如今它已经走过相当长的一段时间。但如果要去溯源的话，有很长一段时间，我们几乎很少真正地教老师怎样做课题研究，直到现在也没有形成一个具体实施生命化教育的步骤。很多人会问我："什么是生命化教育？生命化教育到底怎么开展？我算不算生命化教育课题团队的成员？"

可以这么说，我们提出了生命化教育，也对生命化教育进行了阐释，但都没有很具体的、可以落实到课堂的清晰步骤。这给人一种感觉：课题没有步骤该怎么做呢？我按自己的方式、步骤，会不会走偏呢？我这样做会不会很低效？

当然反过来说，比如说你教我一二三，我就按照你的一二三走，这样肯定是很清晰、很有方向感的，很快就做得很像"你"。一个名师，你很像他，这一定是好事。所以后来我提出了"结构性相似"。结构性相似，就是说不可能完全相似，但是在结构、细节、语调，或者在一些方法上能够相似，但是我们真的是在追求相似，追求形似吗？就像我们很多数学老师看过的那本《大问题教学的形与神》里说的，我不仅强调"形似"，还强调"神似"。

在相当长的一段时间里，我们的课题研究可以称之为"不教之教"。"不教之教"其实也是一种教，它更多的是"生命之教"。比如，数学名师黄爱华为了一节课，写了72页的备课笔记，这种认真的态度，专心致志的工作方式，让你受到启迪。这个启迪，不是黄爱华跟你说"你也要像我一样写72页"，而是他的这种态度以及方式，会对你产生一种影响与熏陶。实际上，我们只要跟任何一个人接触、相处，成为朋友，都会受其影响。哪怕是你很愤怒地去批评一个人，其实你的愤怒本身、愤怒的对象、某一些思维方式也会对你造成一种启迪与影响。这其实是一种熏陶、一种感染。

熏陶与感染，在我们生命化教育里首先是一种通过生命本身去影响生命的方式，我们称之为生命的范本。在研究里面，我们是有很多范本的。这个范本是具体的人，他可能是现实生活中的人，也可能是历史上的人。比如我的老师，他也是我们生命化教育思想的提出者——黄克剑先生。我只要一想起黄克剑老师，就希望自己能够坐得直一点。他是一个令人敬畏的人，我只要想到他的存在，就觉得他是我的一个生命的范本，会一直影响着我。这就是一种生命的影响。

当然，我们还可以通过阅读所产生的影响，进行生命化教育。教师都是有文化的人，我们的学习不仅是在课堂上（通过一节一节的课得到一种熏陶），也从他人的文章，从他人的理论建树，从他人的思维方式与表达方式中，获得一种启示。所以，读某个人的书是接近这个人最好的一种方式。这是第二种影响。

第三种影响，是在一个团队的氛围里产生的。比如说这个团队，彼此之间的情感，彼此之间的交流方式，包括他们生活中的一些细节，它所造就的——既是一种人的情意的氛围，也可以说是一种文化的氛围，会使得在这里的人得到一种熏陶。

比如在课堂上，我跟一位校长说：你们学校的孩子都好搞笑。我说的"搞笑"不是一个贬义词，而是对孩子的一种赞许，这些孩子在课堂上很幽默、很有趣味。他们在表达一个意思的时候，不仅要表达意思，还总是想着让别人在听他表达的时候得到快乐。其实真正的幽默感，是在不好笑的地方也能让你笑，它有技巧、有方法。说一个人有幽默感，是指这个人特别用心，他才会有幽默感。不用心的人是没有幽默感的。幽默，有的时候就是有差异、有落差、有反差、有令人意想不到的东西，它还包括"处处想着哗众取宠，出人意料"。

我这么说的时候，并不单是在评价学生在课堂上的表现，也是在评价学校的文化。其实小学里面需要这种"没大没小"，需要这种参差多态，需要这种自由散漫的宽松氛围。实际上，这都是在允许的范围内尽可能地让儿童更像一个儿童。

做一个本分的教师

我太太是大学里的资深教授，前天她跟我说，学校里来了一个督学，检查了所有人的试卷，最后跟他们说：试卷不能只评分（不能只评50分、80分），必须在试卷上留痕迹。

我听完真的要晕倒了，我嘲笑她："你们大学已经中专化了，现在不仅中专化，还要小学化了。"就像老师写备课笔记一样，要手写，要留有痕迹。因为不手写，你就会有可能从网络上复制。我想，如果对教师这么不放心的话，为什么要让教师一个人独自教40分钟的课呢？不知他们有没有想过这个问题，是不是每节课都要找人看着老师上？

按这样的思维推理下去，一切都不成立了，因为一切成立的基础不在于他律，而在于自律，在于对这个职业本身的认同，在于对学生成长的责任感与责任意识。有时候，我们太相信他律的东西了，太相信最后的结果了，太相信可比性了，但是可比性真的可靠吗？

其实，人所有真正的发展都是靠自学的。最重要的，不是你教给孩子什么，而是你能促进孩子自我学习能力的发展，因为人的能力都是一种内在性的成长。但麻烦在于——我们会把目光过多地放在那些层次上，放在那些可评价的，那些所谓立竿见影的，那些看上去好像"今天比昨天进步了一点点""每天进步一点点"上。这些进步在言语上是可以表达的，但真实的生命成长不是这样的。

所以，我们要深刻地思考我们这个职业。这实际上也是在思考各种限制，思考如何突破它的限制。当然，是既适应它的限制，又突破它的限制。在"出"与"入"之间，既遵从规则，又去理解生命本身的独特性、个体性，理解生命本身的奥妙，理解生命本身的秘密。

我希望我们的老师，精神是自由的，思想是灵动的，对待课堂是自如的，对待每一个学生都是情感深厚的，这是一个更高的要求。这个要求，不是规范性的要求，而是对心灵的要求。其实，我们避免不了"戴着镣铐跳舞"，避免不了生活在限制之中，但是我们需要用一种更积极的生命姿态去对待这种限制，让目光更多地到达人真实的成长，以及人真实的对各种困难的理解、接纳与帮助，我们要把整个生命的重心放在这儿。

比如，好老师不一定能教出优秀的学生，好老师可能会教出仇恨他的学生，好老师也可能会教出对学业非常绝望的学生……

最近就发生了这样的事情：一个好老师被一个所谓优秀的学生残忍地杀害了。这件事情对教师的触动非常大，我们可以把它看成一个血腥的案件，也可以看成一个教育的悲剧。

我十多年前就提出了一个观点，它是我走进无数课堂，深入与老师交谈之后提出的：教师要有边界意识。社会的逻辑不一定是你生活的逻辑，社会的立场不一定是你生活的立场，学校作为社会的一部分，有时你是完全没法与它"同心同德"的。

　　马克斯·范梅南说教师是可以代替父母的人，但不等于说你作为一个教师，就真正成了学生的父母。其实你是不可能代替学生的父母来承担教育的责任的。有位年轻老师曾和我说，他年轻，没有什么经验，他的一个学生家长完全跟学校对着干，他不知如何处理。你知道我怎么跟他说吗？我告诉他，也许这个父亲就是儿子最大的命运。我们如果没办法与这个命运抗衡，有时只好适度地退出。

　　因为从另外一个立场来说，孩子的父母完全不认同你，我们的努力和付出还能发挥作用吗？要承认，我们不是孩子的父母，也不可能完全改变他的命运。我们是一个教师，我们只能尽到自己职业的职责。

　　课堂之内有限制，但课堂之外是没有限制的。你在课堂上教学生时，你是有责任的，但当他完全不认同你的时候，你还有那么多责任吗？责任，只有在认同的时候才是责任；在不认同的时候，责任自然就瓦解了。我们怎么可以对着学生的父亲说：我们是对的，你是错的，你将来一定会后悔的！因为预想到他将来会后悔，所以我们现在站出来反对他——那是上帝才能做的事情。作为一个老师，我们是没办法这么评判的。

　　所以，我们要理解中国人说的"好心不一定能办成好事"。不是说你做好事了，就一定能得到好的回报，这就是一种命运，是一种世事之复杂，人性之多维。另一方面，难道所谓的坏教师就一定教不出好学生吗？也不一定。因为这恰恰就是人性之自我的力量。一个学生，可能遇到一个坏老师，但这个老师恰恰刺激了他反向的动力：我一定要争气，我一定要证明给这个家伙看，他说我不行，我就是要证明我行。也有很多这样的学生。当然，也有更多的学生碰到坏老师，他的命运就被彻底扭曲了。

但我想说的是，我们评价教师的逻辑，有时不是以学生为标准的。伟大的教师当然需要有伟大的学生来证明，但是真正能成为伟大的教师的，还是很少的，这件事甚至带有命运感。我想说的是另外一层意思：也许我们可以不必成为一个伟大的教师，我们只需要尽到本分，做一个很本分的教师就够了。该做的事情我都做了，该承担的责任我都承担了。这样的教师，是不是同样令人敬佩呢？

我想起日本禅宗的一个表达：只管打坐。我越想越觉得这话说得太好了，更适合说给我们小学老师听。我只管去尽责任，最后你长成什么样子，其实是你自己的造化，是你的际遇，是你的天分，是你命定的安排。你成功了，我不能把功劳据为己有；你失败了，也不能完全由我负责。因为我把本分里该做的都做了——我只管打坐，我只管去做，我只管每天都这么诚恳地对待你，最后你成了"张文质"还是"张质文"，更多的是你自己的命运。就像我语文学得那么差，却从来不会责怪我的语文老师。他没教会我，后来我学的东西也不是他教的，他也不必对我负什么样的责任，他已经做了他该做的事情。

我常在想：我们的老师不要被虚幻的光环完全笼罩。我们不要那样的光环，要的是职业的立场。比如钟声响了，我们就在教室门口；钟声再响了，我们真的就要离开教室吗？我们看到班上有孩子需要关注、帮助的时候，就去做，我们要一直保持这种敏感的心。其实只要你的劳动配得上自己职业所真正有的那部分需求，你就是一个了不起的老师。反过来也可以这么说，做一个老师，我们就应该做一个老师应该进行的劳动。

从某种程度上说，做一个小学老师，不要指望自己太有名。我夸张一点说，小学老师太有名，也是一种僭越。你怎么能那么有名呢？说你课上得很好，但孩子还要上初中、上高中呢，还要读本科、读硕士和读博士呢，这到底是谁的功劳啊？实际上在世界上任何一个国家，都不像中国有那么多有名的小学老师。

教育本来就该这个样子，小学老师就是尽本分的人，一天到晚忙着做小事，一天到晚忙着对付一群小孩。做小事，持续地做，一辈子不断地做，只管打坐，最后有点小影响，对一部分人有点小帮助，就够了。我把小学老师称为"四小人物"：侍候小人，做小事情，对学生有点小影响，人生有点小成就。所以对于这个职业，职业认同就变得特别重要。

这就是你要做的，你愿意选择的，你选择之后能够坚持做的事。

开放性和"慢慢地快"

有一个电影细节我一直记着，就是《天使爱美丽》里的一个镜头——一个乞丐带着一只狗坐在那里，有人给他钱，那个乞丐说："对不起，今天休息。"我每次看这部电影，就等着这个镜头，就等着笑声从自己的嘴巴里发出来。你想不到，一个乞丐跟你说"我今天休息，你不要施舍"。这是一个什么乞丐？这是一个有文化、有幽默感的乞丐。

我们的团队从一开始就采用了一种民间的方式去推进研究，这是一种兄弟姐妹般相互鼓励和扶持的方式，而不是精英人群相互竞争的方式，也不是梁山好汉排座位的方式。它既有民间的那种质朴，又有兄弟姐妹般的那种深情厚谊，是一种很自然、很活泼、很开心的方式。

生命化教育课题研究做了很长时间，我们都采取了这种方式——其实，我们并不是有先见之明的人，也不是把一切都规划好让大家参照执行的先行者，更没有觉得我们身上自带光环，你跟我走就对了。其实，我们一直都走在朝圣的路上，一直在学习、在思考、在观察。

有些老师听过我的好多课了，有时候我在想，现场只要有一个人听过我的课，我就不能再重复了。这不是说简简单单地用另外一种方式讲课，而是说我需要不断地学习，再学习，才能对得起那两只珍贵的耳朵，才能对得起那颗求学的心。在这种思想观念的影响下，我们会强调——它是一种自我认同：你认为你是生命化教育的探索者，你认为你是生命化教育团队的成员，你认为你是生命化教育的同路人。因为这样的研究本身就是开放性的、没有边界的；它所寻求的是多维的发展——促进学生的发展，促进老师自我的发展，促进这个课题研究的发展，包括促进我们对子女的教育以及与朋友的交往的发展。我们作为社会的成员，对社会整体的改善，我们所做的功、所付出的努力，是有补于世道、有益于教育、有益于人的工作的。可以这么说：这也构成了我们研究团队的独特魅力。

尽管有人担心这条路不会走太远，尽管有人担心这样的研究影响不会太大，但我从来没有担心过这两点。我们在福州有"1+1"读书俱乐部，有时候开展有组织的民间活动会遇到各种各样的困难。我曾经跟读书俱乐部的召集人李华说过："你需要同道、同路之人，但更重要的是你需要你自己。你既然认为这件事情有价值，哪怕只剩下一个人，哪怕只剩下你，只要你认同，你去做，这件事情就有意义，你就能够得到自我成全，你也会被人发现。即使暂时没有人发现也不要紧，因为你所做的一切都会在孩子身上发光，有光泽透现出来，还是会慢慢地被发现的。"

你去做，是你对自我的认同，这与你按照校长说的那样去做一定是不同的。校长可以强制要求你做，但是你不带着心去做，怎么能够发出光泽呢？你不可能变得更有智慧，也不可能变得更聪明。聪明实际上就是一种透彻与觉悟。当你想清楚了，就会获得一种乐趣，比如说今天这堂课这样上下来你感到非常开心；同时你还会明白，正是因为这样上课，你的课是上不完的，你的探索是无止境的。

我有一次调侃一个学者，说他整个晚上都在修改一篇文章，花了好几个小时却只加了一个标点，早上醒来后又把标点去掉。他好像在做无用之功，但是这个无用之功跟他的思考关联在一起了，虽然有时候它看上去是低效的，但这也没有捷径可找。

教育，尤其是基础教育，"低效"是它非常显著的特征，我甚至要说是它的本质特征之一。没有低效的小学教育，就可能会有非常功利的大学教育。这种低效背后是"慢慢地快"，这是人的成长规律，人活到一定的年龄，有一些智慧会自然而然地生出来。如果你要让特别小的孩子比大人聪明，其实是非常困难的。所有的智慧与能力，都跟身体的生长关联在一起，我们为什么要在小学追求高效？

或许我们有时候忘记了，长得太快，衰老会提早到来；我们有时候忘记了，学得太多，就意味着再也学不了新的东西；我们也会忘记了，有些孩子小的时候太聪明了，长大以后就可能会遇到问题。我突然有个领悟，《伤仲永》其实还有另外一层意思：他江郎才尽，不单是因为他的父母带着他到处展览而没有让他学习，其实还跟他太早慧，跟智慧透支有很大的关系。生命有它内在的规律，这种规律，会使得我们对教育进行探索的时候有一种从容感，就是我现在不用那么急，小学阶段就做小学的事，一年级就做一年级的事，三年级就做三年级的事……我们需要有这种从容感。

用更开阔的视野去看课堂

很多孩子终归要从小学到中学，到大学，再到人生更加广阔的疆域里去。作为教师，我们不要限制，不要扼杀孩子的天性，而应从教育学的角度，去理解你的职业；从生命学的角度，用更开阔的视野去看这个职业，看你所做的工作。

其实，教师还有另外一种非专业性的素养。比如，他的课堂语言、课堂态度、课堂节奏等，这些是最容易被忽视的非专业性的素养。

非专业素养包括三个层面。第一个是身体性，包括语言、表情、眼神、听力和姿势，这是属于身体的素养。一个教师，尤其是小学教师，课上得好不好，其实跟他话说得清晰不清晰是有很大的关联的。一个小学教师说话说得太快了，没有节奏，没有标点符号，不懂得抑扬顿挫，哪怕他的专业素养再高，教出来的学生都可能是学业有困难的。这不是专业素养的问题，而是表现力的问题（你怎么表达你的素养）。

第二个是教师的价值观。价值观是高于专业素养的，说得笼统一点，是人类的情怀；说得具体一点，就是我们最终要培养出什么样的人。对此，你需要有很敏感的意识。有位湖南的女老师曾经跟我说："我们学校对孩子都是不太管的，所以都很乱。"她跟我熟悉才敢说这个话。因为很多专家会说，哇，你们学校怎么这么乱，都没有规矩？其实有时候我们不需要那么有规矩。我有一个观点叫"从凌乱到灵动"，有时候看上去凌乱的地方是很灵动的，表面上很凌乱，实际上孩子一个个都是"人精"。当孩子转过来，我看他们那个表情，就明白湖南为什么会出一些文艺人才了——看这些孩子就知道了，一个个都是鬼灵精。这些是跟学校的文化意识、办学理念有很大的关联的。

他们学校原先有个孟校长，是一个传奇人物。有一次，有位老师告诉我，说他们孟校长连办公桌都没有。我问校长怎么会没有办公桌呢。这个老师说他们校长来了就到处坐一坐，然后就走了，什么事情都是由副校长、主任做的，校长就放手让大家做。老实说，这真的是一所不太一样的学校。有的人看到的是乱，但这背后就容易出人才，就容易出有个性的人，就容易出更加有责任感的人（这很有意思）。所以当我们在教育里面遇到很多的问题时，不要轻易下结论，不要轻易做评价，不要轻易把一句话说死。

第三个是亲身体验，亲自参与。比如说做具体的课题研究，哪怕是办一个读书会，如果从主持人到主要的成员，大家都是在纸上谈兵，都是提出8大纲领、12个行动方针、24条口诀，这课题不做也罢。因为把什么都提出来了，都这么清晰了，这不是结束了吗？最重要的是需要像黄爱华老师这样的人，他那个课件都做了20多遍了，第二天要讲了，头天晚上还要拿来改一下，因为还可以发现新问题，这才是一种做教育的态度。教育就是要把自己的生命装进去，把自己的身体放进去。你就是要在那里做，在那里思考，这样你才能每次参加活动后都获得领悟。下面有四个教育研究的前提性词汇送给大家。

第一个词：个人性

教师要理解个人性，就需要观察、思考、理解很多现象，包括一定要理解一些学生在课堂上、在小学阶段的各种奇怪的、与众不同的言行，比如说有些孩子上课爱睡觉；有些孩子反应很迟钝；有些孩子回答问题时，站起来以后真的不知道自己在说什么。教师首先应是一个人道主义者，对这样的孩子要有足够的宽容；其次应该是一个心理学家，要知道孩子在干什么，知道一个孩子怎么了。

有一次岳麓书社的两位编辑和我交谈，我们就聊到焦虑的问题。这两位编辑，一个的孩子要小升初，一个的孩子要上三年级，天天晚上做作业做到十一二点。这是什么学校啊，怎么这么可怕？其实现在全国大部分中小学校都在搞排名制。

我告诉他们，人类永恒的问题是不可能克服自身的焦虑，焦虑是人类的宿命，从人类出现开始，从一个人降生开始，他就活在焦虑之中。人希望自己更强，怕比不过别人，继而引发太多太多的焦虑。这就是宿命。这是人类共同的问题。

说到个人性，就是从一个人身上看到全人类。我讲过一个话题叫《"生出来"的和"长出来"的》。生出来的就是宿命，长出来的就是文化。宿命里面有一些是人类的共性，有一些是家族的共性，有一些是属于个人的，是父母一次性给予的东西。那么长出来的呢，就是家庭的文化、社会的环境、学校的教育以及成长过程中的各种境遇，这一切都会塑造一个人的个人性。而我们的生命化教育为什么要特别强调个人性？因为个人性就是把所有的问题既从人类的视野去思考，也从每一个具体的人的视野去思考。

从每一个人的视野去思考的时候，对具体的教师，我们追求的并不是使每一个教师都更优秀。所谓的更优秀是一种社会评价，我们反而会更强调让每一个教师都能成为他自己，成为真正热爱这个职业的人。让教师更热爱自己的工作，更用心去推动学生成长，更勇于去变革自己的生活，去使自己变得更快乐、更幸福。我们会更多地在研究过程中，相互鼓励，相互肯定。

有位校长曾跟我说，他们学校的老师在讲公开课的时候，一上完课，他肯定要给那位老师竖大拇指，因为他发现老师上完课后，都会用比较迷茫的眼睛先找一下校长。这很正常，年轻老师上完课都是希望得到鼓励与肯定的。我们为什么不能先鼓励与肯定呢？我们为什么不能让他感到很快乐，让他为自己的劳动感到自豪呢？即使他有一些不足，我们也要肯定、鼓励他所付出的劳动，然后再跟他进行更细致的交流。如果没有时间的话，那就全部表扬好了。

有一次我到福建一个地方去听课，老师们说他们那里的教研员评课之前最常说的一句话就是：时间不多，就不表扬了，只说缺点。他真的是搞错了。应该是没有时间了，那些批评的话没有必要讲，把时间用于表扬才对。毕竟一个老师上完一节课多不容易啊！不要说在公开课这种场合中，即使每天在教室里上课都是很不容易的事情。只要用心，每一次上完课你都会发现自己在进步。

人最重要的能力就是自我觉悟。人类能活下来是靠自我觉悟，而不是靠完全遵守大自然优胜劣汰的法则。人类靠自我挣脱、自我变革、自我改善，才可以不断地发展，不断地延续。生命化教育始终把人放在最核心的地方来思考。对于教师来说，教学不要完全局限于知识的传授，教学的成果也不要仅仅落实在分数上，要更强调对人的尊重，强调对人的促进，强调最终对人的成全，这是教育更为重要的价值观。

第二个词： 独立性

所谓"独立性"，它强调的是个人的尊严，个人的权利，个人的价值选择、价值判断。它本身就是一个人性的话题。一个教师不可能仅仅靠依傍于他人、模仿他人，亦步亦趋地按照他人的方式成为一个优秀教师，或者成为一个有生命自觉的教师。从一开始的研究中，我们就一直不断地把这种价值观、自我变革、成为有尊严的生命个体等这些思想跟大家分享，并共同思考。

这是一个很普遍的话题。无论在什么语境下、什么国度里，对一个教师而言，他都会遇到各种挑战，最终的发展一定都是自我发展。这个职业，一方面需要那些热爱它的人来担当；另一方面，职业本身又会促进从业者对这个职业的情感。好教师往往就是这样的人：爱这个职业，同时在职业实践过程中不断地增强自己对职业的热爱。这样的人才有真正的幸福感。

第三个词：自主性

所谓"自主性"，就是自我规划，自我执行，自我评价。最核心的地方就在于我们遵循的是功过自承，非异人任。它不是一种他律的方式，而是自律的方式。它会让你的研究、你的工作、你所做的事情更纯粹一些。当然，这种纯粹更局限于自我评价，是自我认同的一种方式，而不是跟别人做比较。这也会让你觉得其乐融融，让你感到很开心。因为开心，如果你能做下去，那就继续做吧。

第四个词：建设性

虽然有时候我说话挺激烈的，但我是以温和的、理性的、建设性的方式在做研究，在做一项对教育、对教师、对学校有所推动的工作。任何一次活动，老师们在参与之后，我不希望大家收获的是悲情、愤怒、沮丧，甚至是绝望。虽然生活中有不少这些东西，但是我希望我们都可以成为乐观主义者。我们终究相信世界能够变得更好，教育能够变得更美，同时每一个人都能够成为更温和、更理性、更诚恳的人。

在我们的课堂中，在我们跟孩子的交往中，在我们跟自己家人、与周围人的相处中，处处都表现出一种建设性的态度。举个例子，我家门口有一个擦皮鞋的人，我会跟他说："擦皮鞋的时候，一定要认真盯着皮鞋，不要跟人聊天，要专注于擦皮鞋这件事，别人能从你的专心里看出你的态度。"我曾经在微信里跟朋友们说，要到街上去擦皮鞋，你擦一次皮鞋五块钱，这个擦皮鞋的人就养活了他一家人。我们办公室附近那个擦皮鞋的人是个文盲，他的孩子大的在上大学，小的在上小学，他就靠擦皮鞋养活了一家人。其实你的善意，你对人的慈悲，你对这个世界的建设，都可以从无数的细节开始，从无处不在的细微的地方着手。

对于课堂的变革，尤其需要这样的态度。不要指望一次性的变革，不要等所有的条件都齐备以后才开始行动，我们要从能够开始的地方开始，最后就一定能做好，有时我们换一种眼光就可以看到更多的东西。这样的思考，其实也就是一种文化意识与主体意识。有了这种意识，你会感觉到你生活在一个更快乐的世界里。当你用一种更诚恳、更热情的眼光去看人的时候，你总会得到更多诚恳与热情的回报。

研究生命和研究教学

对于教师而言，最为核心的工作是这两项，即研究生命和研究教学。

但是在学校里，研究生命这一项工作，一直并未被真实地、普遍地放在重要的位置上加以强调。其实就我自己而言，一定要给自己一个加冕的话，应该是自从张文质出现之后，人们才意识到生命之于教育的意义，"生命"才被提高到一个更高的高度。

因为只有他，无论讲什么话题，其实讲的都是生命的话题；无论什么样的问题，在他看来都是生命的问题；因为只有他，无论见到谁，他总是会从生命的童年开始进行询问。

这就是我最常做的一个工作，我会强调人的精神面相、生命格局。我会特别关注一个人的生命是从哪里成长起来的。就像我所有的写作，也是不断地去追问自己生命早期的那些秘密一样。

作为一个教师，我们童年的幸福是一个至关重要的生命背景。所以，随着研究的深入，我更会对生命怀有深深的敬畏感。

我最近常常思考人的"生出来的与长出来的"那些与生命状态密切相

关的因素。

生出来的是一种命运，长出来的是一种文化。

如果说命运是由那只无形之手，那种让人无能为力的宿命所决定的，那么长出来的东西，更需要后天的环境、土壤、时代，包括各种国命、天命、地命等这些后天的命格浸润。这样的理解，其实会在某些方面帮助到你，让你在作为一个教师时，无论看到什么样的学生，或者看到学生出现什么样的问题——哪怕是最为棘手的问题，都能够用更专业的、更从容的、更有耐心的方式去看待。

这样看待教育的方式才是真正回到教育的"家"，这才是教育真正的返乡之路。

从那里，你才知道教育是怎么在一个人身上产生作用与某种影响的，或者明白教育为什么不能在这个具体的人身上产生，却在其他人身上都能产生那种影响。我们不要那么焦虑，不要那么急切，不要有那么强的功利心去希望种下的种子都能够按照时令长出它该有的样子来。

其实，事情真没有那么简单。把这样一个命题放到具体的教育中去，我想强调的是，也许真实的教学，要在我们对生命有深刻的洞见力的基础上才能产生。而不是靠简单的照本宣科，不是靠天真的想当然，也不是用严酷的纪律、反复的训练就希望能达到最终的效果。

比如一个校长，一定要面对很多的学生，在今天这样复杂的教育背景之下，有时候应该更多地做减法，而不是做加法；更多地想到减少痛苦，而不是达到目标；甚至不是想到让更多的学生成才，而是首先保障更多的孩子的生命。

"胸无大志"的母亲其实就是孩子幸福与生命的保障。现在，很多人的功利心太强了，都希望在自己的第二代或者第三代身上得以实现变革。一位学者说，代与代之间的变革要通过十代人的努力才能实现。虽然有人说培养一个贵族需要三代人，但其实代际之间的更新大概需要十代人。我们太急切了，太功利了，并且完全被这种功利与诱骗所裹挟。今天回到生命这个命题，我觉得对于学校教育来说，在知识方面，小学教育是教不坏孩子的。当然，在价值观、在很多的习惯、在学校的文化等方面的影响下，小学教育也有可能会教坏孩子。

　　我举个自己的例子。我是读大学后才开始学普通话的，小学时连自己的名字都说不清楚，只说对了"文"这个字。小学毕业时，作文总分25分我才得5分，但是我有一种觉悟：人有强大的再学习能力。人在成长的过程中，会不断地遇到更好的老师，并有更多的机会去变革、去改善。但是，如果你把孩子的心智完全扭曲了，把孩子的自信心彻底摧毁了，那真正的变革就不可能发生了。

　　所以在我看来，今天对于一个学生，对于具体的教学，对于一个具体的教育工作者而言，教师所谓的专业素养里面，或者课程意识中，更需要有人的意识、有生命的意识、有成长的意识，我们需要用一种有长度的时间去思考你今天所面对的学生。我们要经常想到：我真的不知道你，我真的没办法都知道你，我真的没办法现在就判断你。那么，我们能做的是什么呢？是激励、唤醒与鼓舞，并把这个文化变成我们的一种生命自觉。无论遇到什么样的教育问题，无论遇到多么调皮的学生，无论面对多么难堪的教育境遇，我们都要保持这样一种生命的诚恳与从容，这样我们才堪称一个老师。

　　我们做老师，有时候难免受到学生的伤害，这不是我们的错，而是我们的命。因为作为一个教师，我们面对的是未成年人，面对的是在心智上成长快速、经常难以平衡的那些心灵，因此各种冲突或意外是没办法控制的，我们是没办法彻底地防患于未然的。那么，对此我们该拿出一种什么样的态度呢？我想最核心的，就是拿出我们对生命的热情与诚恳，耐心与细致。这样的老师也许在最初的教学中，在成绩上收效不大，但最后那些学生一生都将对你心怀感激。他们感激的，并不是你教了他们什么知识，而是你以生命作为一种示范、作为一种榜样，给他们以更好的引领。这种领悟也是需要时间的。甚至是他走出你的视野后，回过头来才看见你。而你在他身边的时候，他看不见，想不到，也不明白。

教学，首先要不辜负灵动的生命

一

我走上教育研究这条路，是很多命运感的因素促成的，但我不想更多地把自己对教育研究的思考放到命运感里去看待。因为比命运安排更重要的是，在我的孩子上了小学之后，面对具体的教育现实，我感受到前所未有的紧张、焦虑与恐惧，这些都促使我去重新思考：

教育到底是要做什么？学校应该是什么样的？具体的课堂应该是什么样的？

在20世纪90年代，我们就开始了一个指导自主学习的课题的探索，我走进了无数的小学课堂。在一所小学里，我曾经用一个多月的时间，把所有老师的课全部听了一遍。说实在的，20世纪90年代的课堂跟我们现在的课堂相比，差别实在是太大了。现在老师在课堂上的生动、亲切、自如又充满智慧，在那时候是很少见的。

教育文化真的是发生了很大的转变，就连现在的很多教育词语都变成了我们思考的起点，而不是结果。这是很不一样的。

在 20 世纪 90 年代，我的探索，或者在课堂上的见证，可能好不容易才成为某些词语，那是思考的结果。但是到了今天，老师的起点就建立在这样的词语的基础上，比如说生命意识、师生的互动、教师的价值引领、教师的教育智慧、教师的现场生命感等。

所以，对这些有追求的教师而言，课堂确实是发生了非常大的变化。

这是对我们的生命化教育做的一种回溯。从一开始，生命化教育要建立的立场就是对生命的成全，它把对生命的成全看成教育的最高境界。也就是说，我们所有的教学目的最终都是要帮助生命获得更好的发展。今天很多人都觉得教育竞争很激烈，教育的各种评比检查非常繁多，但是，我想，只要有一个老师一直带着这种成全生命的情怀上课，孩子们的生命就会不一样。

因此在思考教育的时候，我认为教育可以不要那么悲观。

教育最核心的影响是人与人的关系，是教师对教育、对生命的态度。教师的态度，对学生的情感、价值观、人生观，以及未来的生命发展方向会产生很深刻的影响。这种深刻的影响不是马上就有的，而是像一颗种子被种下去了，若干年后结出果子，你才知道，原来它结的是这种果子。

另外，作为教师，我们不必把课堂技术看得那么重要。课堂技术的重要性在于课堂可能会因此更有效些，更快捷些，可能在品质方面比别人更优异一些，但是，最根本的不在这里。如果我不够高效，我多走几年就行了。因为暂且落后并不等于全面落后，一个生命并不是奔跑者，而是生长者，只有奔跑者才看重速度，而生长者则看重质量。比如在重庆彭水，在谢中政老师的班上，我们开展了三年的生命化教育大问题研究后，我们是可以看到孩子的真实发展的，孩子一年有一年的状态，两年有两年的状态……时间久了，他们的生命状态就不一样了。

二

我到长沙特殊教育学校去参观、讲课，发现被接收进来的身体、智力方面有障碍的孩子，在那里读三年之后，单从长相上看，你是看不出他是残疾人的。

这就是文化改造的结果，它让孩子重新获得了自信，重新获得了生命的生机，重新找到了自己生命发展的可能性。可能他比别人发展得慢，但是这种发展的可能性同样是有意义的，同样是弥足珍贵的。

这就是教育的信念所在！只有这种教育的信念真正地存在于一个人的心灵之中时，他才可能真正地做好人。做好人难在哪里？它是不求回报的，不可能说你今天做了一次好人，晚上就能去求人给个好人奖的，那就不是好人了。所以，有人说，做好人得到的最好的回报就是：你做好人本身就是一种回报。

这是一种内在的信念：我就是要成为一个这样的人——因为得到了某个老师的启迪，我要成为他这样的人，我成为这样的人就有意义，我成为这样的人，人生才有了一种价值。

其实，我们的生命化教育就是意义之问——做教师有什么意义？

最近，我听了许多老师的说课，并被他们感动，被这些老师的团队感动，我觉得他们实在太了不起了。有的老师说是校长带队过来的，还有的老师说半夜就起来准备说课，他们不是为了奖赏，而是为了得到赞美才这么付出的。我们的证书不值钱，但是，我们的赞赏是非常美好的。所以，坐在台下听课时，我也一直都会有种感动。不是某次活动让我有如此感受，而是几乎每次活动我都这样。在我们的教育行走中，一连好多天我都坐在前排；我们的生命化教育大课题研究班、写作研修班、家庭教育指导师培训班，我也一直都坐在那里，全程参与。当然这些都是我愿意付出的，这是一种自律而不是他律，这是一种自愿而不是他愿。

从教育的意义上说，所有的一切都有一种转换。在学校里，我经常见到一些老师在说课时，因为种种原因没有表现出最好的自己。其实你并没有失败，只要能够转化，你就没有失败。一旦转化了，你就能从那些失败中得到智慧，获得勇气，获得继续变革的生命力。但是，如果你没有转化，你就会把这次的、各种偶发的、各种意外的或者各种沮丧的经历，看成一种命运——我准备得这么好，结果得到的回报却这么糟糕，这真的令人很沮丧。

其实，对我自己所做的事情而言，我从来没有沮丧过，因为我不需要申请课题，我不参与评奖，我不求得到别人的资助。我在做的是我一直想做的事情，我会一直做下去，就像讲课一样，哪怕最后只剩下一个听众，我也还是要一直为他讲下去。因为我不是在等待奖励，而是真心想和大家分享。从这个角度来说，你不是应命的，你不是领着任务的，你不是为了得到奖赏而来的，你自然就不会有各种对成败的敏感。

三

我有个朋友曾劝我多写一些文章，但也许是因为我年纪大了，天分也不够，就只好作罢。其实，过了35岁后，一个人就不要讲什么天分了，讲勤奋就好了。我给他的建议也只有这一句话：把现在做的事情继续做下去！多读一点书，读更多样的书。多做笔记，不要相信自己的记性还好。

其实，人时刻都要跟自己的衰老做斗争，都要跟人的惯性做斗争，都要跟人的某种有可能会丧失的能力做斗争。黄爱华老师每次都愿意不断地讲，见到每个人他都要讲。有人会说这是一种付出，但另一方面，我认为所有的付出都是双向的，他在付出的同时也是一个受益者。

我这些年来养成了一个习惯，见到谁都谈教育，哪怕是很偶然地见到的一个人，我都可以跟他谈教育。我要的就是在不断地谈的过程中，我的思路变得更清晰、更多维，我的理解变得更深刻，这就是我这个职业的优势所在。因为这会让你自身也处在不断生长的状态中。

说到"生长"这个词，它恰恰是我最近刚刚冒出的一个对教育的理解角度。以"生长课程"的视角去看课堂，我发现课堂完全不一样了。因为原来的课堂不是按照生长的角度建构的，而是从知识的角度建构的。这样的建构会把课程切成一块一块的：一年级的知识，二年级的知识，三年级的知识……这样建构起来的，是计划性的、标准化的、可检测的，但是如果我们从生长课程的角度来看，比如在课堂上，所有学生的差错，就都是有极大的合理性的。

对于儿童而言，有一种本质的特性叫规定性，也就是在这个阶段，儿童就是这么思考的；在这个阶段，儿童就是这么理解的；在这个阶段，儿童就是这么发展的。如果换一个视角，换成生长课程，是不是我们就要对学校的文化重新改造呢？老师的研修，是不是也可以换一种方式呢？以及学校的语言、学校的管理系统，是不是都要有相应的变化呢？

前不久，我去重庆彭水三小，发现那里变化很大，很漂亮，也很大气，但从生长的视角看，我发现，学校的台阶太多了，有些不该有台阶的地方却有台阶，那个地方就容易出问题。这就是生长的视角。就比如我们坐的位子，在第一排，有一个坎，上面高一点，下面矮一点，这些都不符合人的生长性，其实它应该是个斜坡，这才符合人的身体的规律和感受。

我见过一个日本的幼儿园，学校里面没有楼梯，孩子都是从斜坡上去，然后从杠子上滑下来的，学校是圆形的，没有任何的死角、暗角，没有危险的角落。这就是符合儿童生长规律的设计。所以，我现在在做一年级研究，在研究幼小衔接，研究一年级孩子的习惯、素养和某些规则，然后还要研究一年级孩子如何学习等。

我在杭州评课的时候曾经谈了一个观点：我们的学校对写作投入这么大的精力，为什么我们还是不会写、不会说话、胆子小、不善于跟陌生人交谈？从学生的课程来看，我就觉得这些跟我们学校的某种课程目标、教学方式、训练方式、检测方式等有关系。比如说教学生写作文，到底是教他写句子，还是让他随便写呢？如果是我，我可能会选择让他随便写。从语言发展规律与写作的视角来说，最重要的发展就是让学生尽情地说——只有充分地说，才会有东西可写——再到尽情地写，再到有东西可写。

四

我正在形成这样一种理解，其实我们所谓的构建课堂教学的背景，就是我们的教学要找源头。我们需要找到源头和发展的方向这两种东西。只有找到了源头，我们才会胸有成竹，内心就会有一种自信，知道这种教育走的是正道。有了明确的方向感，我们才知道我们将要把孩子引到哪里去，孩子最终会成为谁。最终我们才会明白，这些对孩子一生的发展都极为重要的素养，要怎么去更好地激发、训练和提升它们。

很多教师善于以控制课堂为中心设计教学过程，一些名师一般讲完最后一句话下课铃声就响了，这会让人觉得他们非常厉害，但是这种"精确的控制"往往必须忽视那些理解力低于班级平均值的学生，而且还可能扼杀学生们对延伸的知识与问题的探索兴趣，所以从生长的视角来看，其实每一节课他都没有教完。知识不是一块一块的，它是发展性的，是持续不断的，是一个非常繁复的体系，怎么可能被抽出来只教某一段呢？跟这段看似无关的知识和理解力就没有价值了吗？

有位老师跟我说，这样的思考让她上课的信心增强了，因为她发现长期以来她都控制不了上课时间，而我的阐释让她发现，控制不了时间也是有它的合理性的，这并不见得就是一个弱点。当我们真正地作为一个研究者去研究课堂，真正地把每一个课堂都变成一个探索的过程的时候，教学才会灵动和充满乐趣。

举个例子，同一个地方，有些孩子的普通话很好，有些孩子的普通话却差得不行。这跟城市孩子的普通话水平基本整齐划一是不同的，这就体现了生命的生长性，它有自己的特性，有自己的家庭背景，有文化的多样性与复杂性。但是从文化的理解上而言，北方人从小就是这样说话的，而南方人却做了很多努力才能到现在这个水平。所以，如果你换一个视角去理解一个人的复杂、独特与局限，你看待他的眼光就会不一样了：看到生活上有困难，学业上有困难，处于弱势地位的孩子，你整个的眼光就不同了。这个不同，恰恰是因为我们有了生命感，有了生命意识，有了生命情怀。

我曾在"千课万人"活动上评薛法根老师的课。他是一位语文名师，他的课有一种父亲的味道，他哪怕是在批评孩子，都充满了疼爱。有一个孩子在回答问题时思路很乱，他说："噢，这个孩子疯掉了！"如果这句话是以批评、奚落的口吻冷冰冰地说出来，会很残酷的，但是薛老师是以父亲的感觉来说的。从父亲的角度来理解，这是一句充满怜爱的话。后来他回到课堂，又让那个"疯掉了"的孩子重新说一遍，这一次那个孩子就说得特别好，而薛老师的欣喜之情也是溢于言表，这让那个孩子很受鼓舞。

我发现很多老师都没有以前那么挺拔了，因为他们总是习惯弯着腰跟孩子说话。很多年前我就发现，好教师的身体总是前倾的，日复一日，年复一年，他们的身体是不可能一直挺拔的。好教师要交流、要倾听、要观察、要对话，他整个的神情贯注的中心都在那些具体的孩子身上，都在具体的教学情境之中，这样的课堂给人的整个感觉都是不一样的。

对小学课堂，或者说对基础教育而言，教师的核心素养更多的是跟生命关怀和教育情怀有关联的，好教师真的是像父母一样的。对中学、大学的教师，我们不必提这么高的要求，但是，越是在基础教育阶段，这个基本素养就越重要。

一个生命的课堂，能激发孩子的生命力，孩子能表现出从容、自信、勇敢的品质，这才是更根本的变化。这种激发力，给了孩子发展的可能性、丰富性和发展的高度，从某种意义上来说甚至会比教师的某些教学能力更重要。其实教师不完全是用教学能力去教学生的，而是用生命情怀去教学生，所以，学生某些能力的发展会超越教师能力的局限，这才是真实的成长，真实的生长。

一所学校的生机，并非是教师都具备了教学能力才有的，哪怕教师所受的教育很好，哪怕他们是被精挑细选聚集到某个名校的，学校也不一定会有这种生机。因为最重要的生机来自教师的教育情怀、教育激情，来自教师通过生命去影响、激发和推动学生的发展，这样一所学校才会变得充满生机。越是在基础教育阶段，越需要这样的情怀和激情。

生命化教育大问题提供的，恰恰是我们对教育发展的可能性的一种自信——这样的探索是有意义、有价值的。通过这样的方式去推动、去影响、去提升孩子的生命质量是正确的，这也使得这样的课题研究始终很有底气，也让人更容易去坚持。

做一个给孩子人生抹上甜蜜色彩的人

在我看来，教师这个工作有一个最大的特征：不是创新，而是守本。也即是，教师要有一个最基本的立场：你受过专业的训练，你真的爱它，并且在教学过程中特别自律。这些评价，不是别人对你简单地评价，而是你在不断地自我评价，学习成了自己的任务。最后，你会很看重职业的尊严。没有职业尊严、没有职业道德、没有职业素养的老师是没有真正的尊严的，教师不是仅仅靠他律、靠竞争来保证这个职业最基本的立场与职业的规格的。

今天我们理解这个职业的时候，会发现它还有一种复杂性是由教育环境造成的。所有的评价、晋级都变得极为复杂。我们的老师常会感到很无力。所以我们又需要用另外一种态度来面对这些，就是我前面说的"只管打坐"的方式。对于一些领域、一些评价，我们真的无能为力。那在我们自己所喜爱的领域，我们能不能在研究的专注性、深入性、成就感方面得到回报呢？

从一个老教师的角度来说：今天的职业幸福感一定比前几年强多了。这个强多了，不是职称、荣誉、金钱使得你的成就感、幸福感强多了，而是你的投入和被认同，你从学生身上得到的情感的回报使你觉得"我变了"，你对这个职业的理解变了、责任变了，自然地你就从职业里得到了精神方面的回报。这是对待职业复杂性比较人性的，也是比较有建设性的一种立场。

　　其实还原我们教师的工作，他们是做了很多事情的，但有些事情确实没办法立竿见影。有的老师说，我对学生特别好，我的课堂特别生命化，但是成绩没有提高。其实是我们今天的教学走进了误区，我们以为所有的教学变革，最终都要在成绩上体现出来，其实教学变革最核心的是人的精神的变化——对学业的认同感，对未来生活的坚定信念，对社会的责任感，以及与人交往的各种能力、各种素养的提高，这才是变革最核心的意义所在。有时这些在成绩上真的很难体现出来，因为人的天分、发展速度差异很大，人的自我觉醒到底是在哪个年龄段，对此真的没有确切的答案，包括一个人最擅长的领域到底在哪里，或许连他自己都不知道。光靠课堂的变革，一定能提高学习成绩吗？我深表怀疑。

　　有时我们对课堂改革，有太高的期待值了，各地课堂教学的变革五花八门，每年都有很多的学校在庆祝，最后都是以所谓的成绩提高为核心标准。真的是这样的吗？对人的评价有当下的评价，是分数可以体现的，但是从历史角度来看，评价很可能是靠不住的。比如说十年前的东西，某个老师怎么想得到它有十年之久的影响力。

　　我上次讲课说，有些词语也是有年龄的。

那天，我听小学名师薛法根老师的课，他那堂课教小学生写作。小学生说"薛老师在讲台附近游荡"，讲他在讲台附近走来走去，学生用了一个"游荡"。老师觉得"用词不当"，怎么可以说老师在讲台附近"游荡"呢？但是小学生对贬义词、褒义词，包括词语的情感色彩，不是你教他他就会懂的，这是跟他的理解力、跟人的成长有关系的。但是你有没有觉得，正是孩子错误地用了一个词，才使得句子非常生动？虽然孩子搞不清楚这个词该用在哪里，但是他用得太有意思了。如果你去纠正他，只不过是让他把这个词语用对而已，但是是没办法解决孩子对词语的理解问题的。这是他们学业成长的一部分，学业成长后，他在这方面的能力自然就会提高。我们也有相似的经历，因为某些遭遇，会觉得：哇，这个词语我原来不是这么看待的，现在觉得非常有道理。

再如，有次我听到一个学者说"理直气要和"（以前我们一直强调"理直气壮"，但他强调"理直气和"），我说这就是中年逻辑、中年气质、中年格局。人到中年，变得从容了，觉得不能"理直气壮"，义正不能词严，"义正词要婉"，这就是带有年龄性的看法。像这样的思考，都会帮助我们去正确地看待孩子的成长。孩子真实的生命成长，并不是通过分数就能体现出来的，所以就有一个历史性的评价。

即便孩子在智力方面的发展是滞后的，身体能力上是有困难的，但是当他受到了老师的启迪，他今后回想起来都会觉得很温暖，会从老师身上感受到自己是得到过爱的人。教师的伟大意义在于，每一个孩子都能在老师身上得到世间的温情。这不是个能够简单评价的事业，它的复杂性就在这儿，或许只有孩子知道，其他人都不知道。而且，有些影响很有可能是孩子多年后蓦然回首才突然发现的：某某老师原来是我生命中最重要的人。

　　教师对学生的影响直接、深入而又持久。这个影响是指生命本身的影响，而不完全是指学业上的影响。所谓学业上的影响，尤其是在小学阶段，真的跟孩子的天分、发展状态有很大的关系。

　　我的一个学生，她的孩子要上小学一年级了，她有些事情不知如何应对，很着急，便找我咨询。她说有一件很急的事需要向我请教。我就问她到底是什么急事。她说她的孩子非常调皮，在幼儿园上课时，经常会自己站起来，自己走动，自己说话，幼儿园老师和园长都知道他。现在他要上小学一年级，这点让她很是头疼，因为小学有小学的要求啊。我就建议她一定要跟老师交流，一定要告诉老师，这是孩子的特点，孩子不是故意要和老师捣蛋。

　　小学老师最怕孩子故意跟他捣蛋，故意威胁、挑衅自己的权威。教师的职业尊严，让老师特别害怕学生故意挑战自己。只要家长与老师交流了，老师就会知道"这个捣蛋鬼原来一直就是这样的，不是到了我班上才这么捣蛋的"。过了没多久，我的这个学生又跟我说："老师，我的孩子又出问题了。"她说孩子爱上班上一个同学了。我让她不要这么夸张，一年级怎么能叫爱上呀？她说是真的爱上了，因为孩子口口声声告诉她，以后他要和那个女孩一起考大学，一起留学，以后会娶那个女孩。我的这个学生现在每天陪孩子上学，每次孩子都要求她把他送到女孩家门口，而后两人一起上学，放学再一起回来。我就问她是怎么理解这件事情的，并告诉她我的理解。

第一，家长要理解，孩子的情感是非常纯洁的、非常质朴的、非常珍贵的。你可以说孩子爱上了一个同学，但千万不要说这是在谈恋爱。爱上一个人和谈恋爱是不一样的，爱上一个人是发自心灵的爱，其实它是无关性别的——他也可能爱一只狗、爱一只猫、爱一只鸟，这两种爱没有什么太大的区别。听我这么一说，我的学生恍然大悟："老师，您说得对哦，我们家的一只狗他也是非常爱的。"她这么想就对了。

第二，不要老想着去纠正孩子，要顺其自然，肯定他、鼓励他："真好啊，妈妈也喜欢，你们就好好学习吧，你要特别友善地对待她。"这就是很自然的处理方式，切记不要夸张，不要扭曲，不要恐惧，不要焦虑，更不要把自己不健康的情绪传递给孩子。后来，那孩子读到四年级，我给我那个学生打电话："你孩子现在还爱那个同学吗？""他好像不爱了。"我问为什么。她说："爱着爱着就忘记了。"这就是孩子呀。

我们说教师职业的复杂性，是与生命的复杂性有关的，是与孩子成长道路的复杂性有关的。有时是我们的评价标准有问题，有时是我们的管理方式值得商榷，导致我们理解事物的能力变得有点笨拙。正如有些老师说的："我对学生这么好，他成绩却更差了，是不是应该对他们不好一点呢？"很多老师经常会这么对我说，很多父母也会怀疑，是不是自己太宽容孩子了，他们才特别脆弱呢？

我会想：有时人性之善确实并非一定会令人变得更为强硬，人性的善并非一定会结出一个特别丰硕的、如你所愿的果实，但是只要肯定人性之善本身的价值，不就可以推动这个社会更和谐、更温馨、更美好吗？孩子从你身上感受到整个社会给他的温暖，这有什么不好呢？尤其是小学老师更要做到这一点。

小学老师是给孩子童年抹上一道甜蜜色彩的人，要用容颜美、语言美、心灵美等各种美去影响孩子。

作为一个老师，其实你最核心的工作是"只顾耕耘，不问收获"，因为收获是未来的事情。所以教育更需要走正道，不管情况怎么复杂，老师们都用自己一贯的方式，用诚恳的、素朴的、善良的、积极的、有建设性的方法对待学生。不对学生做任何简单的评判，尤其不轻易做道德、智力方面的评判。这样不就给孩子留下更自由、更大的空间了吗？

教学现场：我们的临场智慧从哪里来？

一

就讲课而言，每个人都会有不同的讲课风格。我讲课时，不建议大家一定要记笔记，只要录音录下来，不清楚的地方回去再听就可以了。我更喜欢大家跟着我一起思考，因为有很多东西是特别有现场性的，根据这个现场去思考一些问题，所谓的金句，也会在思考的过程中跳出来，跳出你原先所没想到的、你可能一直在思索但是始终没有到达的那个点。这就是临场智慧。

我认为，一个教师要有很强的即兴能力。所谓的即兴能力，就是你在现场表现得比平时更好——在情境中才能有更好的表现力。这个对教师而言特别重要。教师不能仅仅带着教案进课堂，还要带着对生命的理解，对你所教学内容的通透的掌握，带着更开阔的、不完全是为这一堂课所准备的理论进入课堂。

所以，我后来把教师比作手艺人。手艺人，都有一种即兴的能力，都需要具备"独奏的能力"——独自登场、独自表演的能力。在修炼自我的过程中，你要对教师这个职业有更丰富的理解。比如说，在我要讲课的某个会场里，我会告诉工作人员，音响的声音要调小一点——把我说话的声音调小一点，其实这不是降低音量的问题，而是考虑到情境的问题。比如有次我在广州一所学校讲课，听众有 1200 人，既有幼儿园孩子的家长，又有高中生的家长，他们的需求不同，孩子的成长阶段不同，如果是你你会怎么讲课？我觉得最重要的是要掌握一种基调。其实，我经常会想，有时听众很少，反而可以讲很有趣的甚至很搞笑的事情，因为人数少，会场很静，你就会觉得有一种很融洽的氛围，听众的情绪特别容易被激发，讲者和听者的情绪也会相互感染。但是在 1200 人的会场，大家的情绪是不太容易被感染的。所以对一个讲课者来说，就不要在这方面用劲，不要过多思考怎么去感染人。

在这种场合，我的基调定位就是我是个倾诉者。我把我的道理、我的故事、我人生的领悟传递给你。而且在这样的会场，我不期待有掌声。很热烈的掌声，反而不好，安静地倾听，每一个人都能听到属于他的声音，属于他的内容——可能他不太喜欢，但是也在会场保持安静。让会场很安静，其实对一个讲课者来说，也算达到目的了。

当你明白了这些，你就会思考，在不同的场合，自己要达到什么样的效果，而不是说不管在什么场合，都指望达到某种效果，那样的话反而会遭遇困难。因为当你发现自己一直达不到期待的效果时，你就会很焦虑、不安，老想着今天好像表现得不好，大家听得不带劲。其实是你对自己要求太高了，或者说你这个要求不太可能在这个场合实现。

二

我举上述例子，是想说明作为一个手艺人，你是要自己去把握"火候"的。

我父亲，在我们老家做线面，他就是一个手艺人。线面是福州的特产，是用面粉做的一种手工面，很细很细，像丝线一样。一般在傍晚的时候下面，就是把面粉放进一个大盆，加水，加点盐，然后搅拌一下。等到凌晨三四点的时候面粉发酵完，再进行加工。有时下雨了，就要用火烤；有时是阴天，也要烘干一下；有时是大晴天，或风很大，要在屋外晒干。根据不同的天气，下的盐也是不同的。比如说天气潮湿的时候，盐如果放多了，面就没办法拉细而且会断掉。我父亲很厉害，他简直就是一个手艺高超的做线面的师傅。

他除了自己做得好以外，还要针对不同的天气情况，帮一些徒弟把已经做坏的面重新拉得更细，拉得更长，而且保证不会断掉。我从我父亲身上就领悟出，做一个手艺人，是很不容易的，不仅要手工类的活好，还要有头脑，有判断力，要当机立断。

所以我上课时会有这样的体会，比如说我到了现场，经常会琢磨要讲的第一句话是什么，怎么来讲它，它非常重要。有时你所说的第一句话，就像唱歌一样，调子起高了，唱不上去；调子太低了，或者是这个声音一下子把大家给吓到了，效果更不好。

但不管你怎么预设一句话，等你见到这些听众以后，哪怕是很熟悉的听众，你都可能会因为他，因为今天的现场状况，又做调整。这是一个老师经常要思考的：你要有好几套方案，并根据现场状况，拿出最合适的那套方案。

还有一种偶尔出现的情况。比如有一次，某地的家庭教育大讲堂请我去讲课，那个主持人先跟我说：张老师，你准备一堂三个小时的课。我到当地后，他给我打电话说：明天你可能讲不了三个小时，因为前面有一个美国的培训班会来，校长要介绍一下他们在美国的学习心得，你就讲两个小时吧。到了现场以后，他说：因为领导要来，还要增加领导的讲话时间，你就讲一个半小时。最后到我讲的时候，只剩下 30 分钟。我原来准备的是三个小时的课，就不能再按原来的思路讲了，一定要根据现场的情境做调整。

而且当时大家已经听了两个半小时了，很多人精疲力竭了，很累，甚至听得睡着了，这个时候你怎么讲？你就要有现场应变能力，要做及时的调整。这个时候思考什么呢？我讲课时，最希望跟人家分享的是什么？不是对三个小时的原版内容进行简单压缩，而是要现场进行课程调试。

对于教师来说，其实教师到了教学现场，还要有一个现场生成课案的能力，这个能力非常重要。然后教师再根据现场状况，选择合适的方式来讲。

三

有一次我到上海讲课，校长跟我说要讲给初、高中学生听，现场有一个年级听，其他年级都在班级里看直播。

在路上，我开始想校长没有考虑好或者说没有想到的问题，就是哪个年级到会场是最好的。校长可能没有考虑，那天我也疏忽了，我就大概问是哪个年级的学生在会场，他说是初中学生。结果我到了现场一看，是六年级的孩子，上海那边叫预初班的。实际上，六年级的孩子跟高中的孩子差别是非常大的。在大部分地方，六年级的孩子还都是小学生。

我看他们坐在现场，一下子愣住了。我从来没有在讲课之前，愣那么久，因为我真不知道怎么讲——我要面对这么小的小朋友讲课，然后其他大的学生都在班级里听。我到底给谁讲？非常难。所以，我经常和老师们讲，一定不能低估了临时教学的难度。作为一个讲课的老师，你真的要跟学校沟通好谁在现场听讲的问题。

比如这次有七个年级，最好哪个年级在现场呢？初三或者高一。中间段的学生在现场是最好的，因为高年级的话题他们也能听得懂，低年级的话题他们也能听得懂。但是，我在现场，孩子都坐在那里了，已经不能调了，我必须根据这个状况来调整。不仅要调整教学方案，要调整教学姿态，同时还要讲一些给那些大孩子听的，大孩子能听得懂的，也感兴趣、不感到疲倦的话题。但是我发现，给六年级的孩子讲课，要把他们调教到在会场上和你有呼应，太困难了。孩子们都很老实地坐在那里，脸上一点表情都没有，你完全看不出他们是否感兴趣，是否听得懂。

这个时候，就需要另外一种力量来帮忙了，叫职业自信——不管你听得懂听不懂，我就按我这个逻辑和思路讲下去。

我说的这些状况，其实老师们在教学中也会遇到，都不陌生。实际上，我们需要有一种反思力，我们遇到任何教育情境时，不要去思考哪里讲得好，哪里讲得不好，然后自责，感到不安，对自己不满，而是要反思今天的这个课，在哪一些设想上，在哪一些理解力上，在哪一些面对现场的情境上，我们做得比较好，或者说可以做得更好。

这个自我改进的能力是很重要的，这样才能使得你每次上课都能感觉到自己进步了一点——不期待提高很多，但每次都能进步一点，每次都能变得更从容一点，或者说每次都更容易产生一种课堂亲近感，营造一种更融洽的氛围。我觉得对一个老师来说，拥有这样一种素养很重要。

中卷

让学习真正发生

我的课堂教学思考(一):让学习真正发生

本文的写作背景:2013 年 11 月我们正式在全国开展生命化教育大问题教学的研究,为此我写了篇文章,发表在 2013 年 11 月 20 日的《教育时报》上。

"教师在后"的课堂

从我多年的课堂观察来看,我们现有的课堂往往是比较低效的,即使到了高年级,教师还是在细致地教授那些简单的知识。课堂形态还是以教师的教为主,教学也还总是从低到高、从浅到深、从局部到整体地进行。那么,我们能否换一个视角,从高到低来教学呢? 比如,教师让学生直接面对文本,让学生自己去读一读,然后说出我读懂了什么,再让学生复述这篇课文到底说的是什么意思。

实际上,在学生读和说的过程中,很多的问题就能够自然而然地解决。也就是说,我们要习惯性地认为需要教的东西,学生很可能能够自己学会。至于教师觉得有些地方还需要教，也仍然可以把它放在课堂中来教。

这种"教师在后"的课堂蕴藏着某种开放性。课堂里真实的问题，不是教师事前都可以预设的。学生在阅读文本时的真实问题一定是基于学生自身生发的，而不是仅仅基于教师所理解的所谓的教学重难点生发的。

课堂上更重要的是要训练学生形成一种自我解读文本的能力，按照荷兰数学教育家弗莱登塔尔的观点就是"再创造"。同一个文本在不同的读者那里所呈现出来的样子都可能是不一样的，学生只有通过文本，才能从个体经验出发对知识进行"再创造"。课文（指的不仅仅是语文学科的课文）里的每一个词、每一个句子，教师都可以让学生开放地去解读，去复述，甚至去表演。这样，课堂就真的成了一种教育生活。

基于这种对课堂的理解，也基于这样一种共识，多年前，特级教师黄爱华和我一起提出了"大问题"教学这个研究课题。

可能有些教师会说，这些课堂形式不是在我们的课堂中已经有所尝试了吗？为什么一定要放在"大问题"教学这个框架里面来谈呢？我的理解是，为了变革既有的课堂形式，我们恰恰需要某种特定的命名。命名意味着某种新意识，意味着某种思维变革的途径。命名也意味着我们对教育本质的重新探寻。这样一种新意识，其实就是课堂的一种文化自觉，它对教师的教育探索是有意义的。

"飞翔者"的学习

什么是"大问题"呢？"大问题"就是学科和学科教学的核心问题与

基本问题。在课堂中，学生所学到的具体方法不是"大问题"，获得一种去寻找解决这个问题的意识和素养才是"大问题"。因为方法总是受时空限制的。"大问题"教学则有意识地让学生们超越已有经验，超越意识形态的、宗族的、国家的情感，以一种超越性的理念去理解这个世界本身，去寻找最好的，可能也是双赢的，甚至是多赢的解决途径。

"大问题"教学的课堂将努力让学生形成这样的既是基于自己的理解力，又是走向开放、多元的，去探索未知的学习意识。我相信这种学习意识会变成人的一种素养，甚至成为一个人身心真正成长的标志。

我们接着还可以深入问下去，比如说，课堂上如何让学生们自信、从容地表达自己的观点？这一定是教育的一个"大问题"，但这一类的问题一直被我们的既有课堂严重忽视。我们的既有课堂里所注重的是解决问题、寻找答案，但是我们很少考虑过要解决的问题到底是真问题还是假问题，或者解决问题的方式本身是不是有问题。一个高中生，如果在课堂上回答问题时仍然低着头，缩着肩膀，说话声音含糊不清，他说的答案也许是对的，但是说的答案是对的有那么大的意义吗？如果他完全没有自信，没有对知识的热情，没有自我表现时的快乐与那种从成功中获得的幸福感，这样的学习终究还是失败的。

因为"大问题"教学是基于对人性、对生命的理解的，黄爱华老师认为应该把它放在生命化教育理念的背景下进行研究，这样的课题才特别有意义，所以"大问题"的教学实践跟生命化教育的理念走到了一起。最终，我们把这个课题定义为生命化教育"大问题"教学。我们计划从小学数学课堂开始，向其他学科，甚至向更高学段辐射。

"大问题"教学的一个重要标志就是它直指学科本质，直指教育中人际关系的本质，比如课堂里教师与学生，学生与学生，学习者与知识本身的平视关系等。"大问题"教学也直指学习方法的本质，个体的学习方法是有差异的，有的属于高端学习，有的属于低端学习。低端学习就是所谓的跟随者的学习，是"我教你学"的学习方式，其学习更多的只是为了跟随教师的进度。这样的学习也可以被称作复制型的学习。"大问题"教学追求的是智慧型的学习，因而在这样的课堂上就需要有更多的合作探究、自主生成，它的核心是针对人的发展。在这种课堂上，学生有自主规划、自由想象、自我探寻的权利，我们把这种学习称为"飞翔者"的学习。

　　"大问题"教学的课堂当然也是一种开放性课堂。如果没有开放性，教师其实是很难真实地知道学生的所思所想的。有些学生的想法可能是教师所期待的那一种，教师喜欢这一类学生，并把他们称作优秀学生。有些学生的学习方法可能是非常褊狭的，在一个封闭的课堂里面，教师不可能都知道这些习惯于沉默、习惯于被动、缺乏参与热情的学生，他们到底在想什么。所谓的开放性，就是说教师实际上是把"促进每一个学生都参与到课堂中来"作为一个教育的信念来对待的。在这样的信念的指导下，通过耐心、充满鼓励的话语以及恰当的方法的促进，学生终究是可以真正成为课堂的主人的。这样他们才有可能提出不同的思路、不同的见解，最终大家也才可能获得多元的结果。可以说，这既是开放性课堂的目标，同时也是学生继续探寻的起点。

让学习真正发生

在这里我还需要重申的是，"大问题"教学中的"大问题"所针对的不是小问题，而是学科和学科教学的核心问题与基本问题。我前面说的要引导学生走向高端学习，不等于说不解决课堂上随机出现的低端学习问题。奥苏贝尔的教育心理学研究表明，课堂里 70% 以上的问题，学生在上课之前就已经弄明白了。我们的教师如果还一直按原来的条条框框教，实际上是难以培养出有想象力、有创造力、有高度质疑能力的学生的。也可以说，"大问题"教学不是仅仅教给学生那些能让他们考上大学的知识，更重要的是要培养学生独立的、独特的思维方式和思维品格。

在"大问题"教学的课堂里，教师往往是站在学生后面的。如果教师一直站在学生前面，教师的高度就成了学生难以逾越的高度。教师站在后面，他更多地起的是一种鼓励、支持和保障的作用。学生的发展高度是教师没办法预计的，而学生的所需却是可以预想的。比如说，在具体的学习过程中，学生所遇到的普遍困难，教师就可以保证底线，进行具体的指导与帮助。当然，这样的课堂对教师提出了更大的挑战，因为，从某种意义上来说，在这种课堂上，教师不知道学生会有什么样的想法、什么样的疑惑，而教师又必须时时做好面对这些想法和疑惑的准备。弗莱登塔尔说，对学生来讲是新奇的东西，对教师而言则都应该是知道的。

我们既有的课堂经常都是单一的、线性的，其中蕴含着一种科学主义的逻辑，但人性的复杂性、世界的复杂性、事物本身的复杂性，是我们难以预设的。因此，课堂本质上就应该是生成性的。弗莱登塔尔所谓的"再创造"，就是要在这样一种生成状态里面才能形成知识的"再创造"，而学生只有通过自己"再创造"了知识，学习才算真正发生了。

在"大问题"教学的实践当中，教师要具有两个核心立场：一是教师要认同人类的基本价值观，如果没有这样的认同，课堂的开放性是不可想象的；二是教育的本质其实就是信念与期待，也就是说，教师要相信并期待学生有某种理解力和得到自主发展的可能性。学生正是在教师的这些潜在的立场的指引下，才可能开展真正的学习。

总而言之，让学习真正发生，让生命获得成长，既是"大问题"教学的实践，也是"大问题"教学团队的永恒追求。

我的课堂教学思考(二):课堂上的舞台感

本文的写作背景,是我参加黄爱华与生命化教育数学大问题教学研讨活动。

一天半下来,我受益很多。我们生命化教育研究特别强调"生命在场",这次研讨活动就为我们提供了这么一个场,大家都能在其中学到东西。在这样一个我们都感兴趣的教育话题下,大家还能凝神,静思,心无旁骛,以至于这两天的思维速度和思考总量与平时也大不相同。两天的所学所得可能会超过一个月的所思所得。这样的学习是一种自我激活,是生命能量、生命智慧以及生命肽的激活,我相信大家身上都分泌出了这种物质。我们也许不一定能将这两天学到的知识全部了然于心,但是,一旦这样的思考状态被点燃,我相信这种愉悦至少会持续一个星期。

黄爱华老师的团队这两天也非常辛苦,吃完每顿饭,还要开几十分钟的会。我们不能始终这样生活,如果都这样,那是一种病态的生活;如果从不这样,则是一种平庸的生活。体验到的美好特别稀少的人就是平庸的人。作为教师，我们也强调生活的情趣，生活方式的多样化，但毕竟我们从事的是以传播思想为主的职业，引导人、培养人、成全人是我们的天职，所以，大家有机会聚集在一起讨论问题、分享所思所想，是一件很快乐的事。

我们聚集在这里，不是单纯地来听黄老师的课，也不是单纯地来评课的，黄老师的课堂造诣，他的团队成员对"大问题"教学研究的思考，还有其他老师的课堂，这些都构成了一种多维的、发散性的教学研究，它们最终回到我们自身，丰富了我们对教育的理解。

为了准备这次活动，我一直在思考我应该讲什么。一开始我想从生命化教育立场来审视课堂，因为生命化教育这个话题是我所擅长的，也是这么多年我持续在讲的，这个话题和黄老师现在所做的数学大问题教学有一个相似点，就是可以被反复阐释。一个思想，如果能够被反复阐释，如果能够被不同的人从不同的维度反复阐释，如果有越来越多的人形成自己的一套对这个思想、对这个话题的个人的理解，这个思想就不是僵化的，不是标签式的，这个思想的存在也就是有意义、有价值的。不断阐释，我们就抵达了对真理的更趋接近的认识。

为了使我的讲座更有现场感，我准备了关于课堂教学的思考。今天谢老师的课，我迟到了十几分钟，所以我坐在最后面。我发现，坐在前面容易听"进去"，坐在后面，距离就把缺点放大了。

好老师怎么站?

另一位老师上课时站在哪里？她站在黑板旁边。

她的脸朝向哪里？她朝向学生的另一方，有时还低着头看地面。

黄爱华老师上课时站在哪里？黄爱华老师是怎么站的？（现场老师：站在中间。）

他的脸朝向哪里？（现场老师：是面对学生站的。）

学生站在黄老师的前面时，黄老师的身体都是前倾的，他在课堂上经常是前倾着站的。据我十多年的观察，好老师的身体大多都是前倾的，好老师很少有直着站、俯视学生的。好老师时刻在倾听学生，整个过程都在观察学生，随时准备跟学生交流，所以他必须前倾。他的眼睛有时像猫一样神秘。

老师在课堂上的站姿，不仅是站的问题，而且体现了一种教育思想、一种教学的智慧。有的老师整堂课下来，始终站在讲台后面；也有的老师一直站在某一个学生身边，把所有的唾沫都喷在一个学生身上。在这些习惯背后，都有一个对自我角色理解的误区。

面对所有的人，教师要把这种想法变成一种习惯，也可以说变成一种文化自觉——我是教师，我是跟所有人说话的，我希望所有人都看见我，所有人都因为我看到他而感受到被关注，从而获得鼓励。

教师的手势

今天施校长和我坐在一起，她安排了一位老师拍照，这位老师本来可以轻松地应对拍照的事情，结果我给他提了要求以后，他最多拍十分钟就要换人，你们知道为什么吗？

他原来只是记录式地拍，就是把活动现场发生了什么拍下来。而我叫他拍，是具有教育意义地拍。大家有没有注意到黄爱华老师课堂上的动作，黄老师的手放在哪里？有一些老师讲课的时候双手经常垂着，也有些老师把手放在身后，还有些老师把手插在口袋里，更为厉害的是把两只手都插在口袋里，最厉害的是一节课把两只手都插在口袋里。星期天我在家看拳击赛，发现拳手的手始终握紧拳头放在胸前，黄老师就是那个拳手，双手随着比赛的进行一直在变换姿势，有时招呼学生，有时鼓励学生，有时迎接学生。他的手是有语言的，是有表情的，手构成了教学的一部分，而不只是身体的一部分。那位拍照的老师需要全神贯注地捕捉黄老师的这些动作，所以拍一会儿就累了。

教师的表情

今天我还注意到了黄老师的表情，有老师说听黄老师的课就像看赵本山的小品，其实我觉得他比赵本山厉害。我有时也自夸说我比脱口秀演员厉害，三个小时的讲座，没有团队给我准备，没有道具，没有讲稿，三个小时不断地自然生成。自然生成就一定会有表情，如果只是站在那儿"背书"，就没表情。有的老师在课堂上看学生，只是一种日常化、习惯化地看，眼神闪闪烁烁，大多时候只是一闪而过，眼神里带着习惯性的冷漠和习惯性的严厉，这不是教育性的眼神。

今天上课的老师说："你们手举高一点，老师是近视眼，看不见。"这句话不是教学语言，教学语言应该这么说："大家手举得高一点，这样老师马上就能看到你。"

黄爱华老师在课堂上，那真的是全情投入，忘乎所以，而一些老师在课堂上经常有一种习惯性站位，习惯性注视——比如始终站在这两排学生前面上课，永远都看不到另外两排学生。这种习惯性的方式，其实背后涉及对"教学要干什么"的理解。有的时候，听课的人都会替课堂上的孩子着急，那个孩子每次都是最快举手的，老师怎么就看不到他？

这种习惯性的方式不改，你可能一辈子只能做一个寡淡如水的教师，你就不可能成为一个有影响力、有感染力、能使学生在课堂上充满激情的教师。

学生的情感不仅要被知识本身燃起，更重要的是要通过教师的点化燃起。比方说，课堂上，教师有一些任务要交给学生完成，不同的教师布置同样的任务时，会产生大相径庭的效果。一种就叫任务，学生完成了就结束了。而在黄爱华的课堂里，学生上台成了一种"使命"，被允许上台的学生，一个个激动得不得了，黄老师把课堂中的工作变成了一种使命、一种荣誉，同时，他又能很好地利用学生这种激昂的状态。

教师的课堂倾听

教师在课堂上的倾听也很重要。教师怎么听呢？有的教师习惯背对着学生，一边听，一边板书，学生开始发言，他就开始板书了。有的是侧身听，学生在那边，老师还守在这边。为什么不走过去再走过来呢？黄爱华在课堂上做了一个很可爱的动作——假装在跑，其实不是假跑，而是他在课堂上有一种身体的活跃度。我们很多老师在课堂上身体很僵硬，停着不动，仿佛身体被精神遗忘了。有的是假听，什么是假听呢？好像在听其实没听，因为老师知道学生说的是什么，所以敷衍性地听，而不是真正地全情投入地听。这里面又涉及教师的职业品格问题。哪怕学生说的内容，老师已经听过千百回，甚至上万回，老师都要像第一次听见那样听，要对课堂永远怀着初恋般的情感，这一点是我们教师容易忘记的。弗莱登塔尔说："学生的发言和见解，无论多么千奇百怪，对老师而言，都应当是耳熟能详的，但老师都要像第一次听见一样，善待他，尊重他，肯定他。"这就构成了课堂中对学生真正的尊重，这样的尊重，能引导出不竭的探索的欲望、探索的激情。

教师的语言

我们再来说语言。我今天听黄爱华的课，真想把他的各种语言录下来，看黄老师在一节课里用了多少种语调。我在听课时写下了一个句子：他在课堂上有一种生成性的、自我戏剧化的能力，也就是平平常常的一件事，他会使得它具有一种戏剧化的色彩，有时候他会挑逗学生，有时候他会自我丑化。

比如，学生看到PPT上呈现的酒，怎么会想到酒鬼呢？他一定要告诉学生，"你看到这个不要对老师产生联想啊！不要觉得老师是酒鬼啊！"他其实就是希望学生想到老师是酒鬼。"不要评价老师啊！"他就是要学生评价老师。这就是一种戏剧化。

黄爱华昨天说了一句话，我是很赞同的：真正的幽默不是带着锦囊妙计来的，而是在自然场景中产生的，那更多的是一种智慧，是一种机智，幽默的背后是很强的捕捉能力和自我戏剧化的能力，这对教师而言是一种非常重要的素养。课堂上的调侃，不要事先想好了去调侃谁，那是讽刺。自我戏剧化带有很强的即兴的色彩。

除了我们平常所说的"抑扬顿挫"，教师的语言还要更丰富一些，比如说有音色的变化、语速的变化、声调的变化。黄老师都运用得非常自然，不是想好了再运用的。

我最害怕的是教师一进课堂，声音就高了八度，有的甚至像是捏着嗓子说话，嗓门大，但语言本身没有表现力。这些语言素养综合起来，就意味着，教师确实需要有一种很强的表演力，不是为了展示自己而表演，而是，这就是他教学的一部分，这是一种具有教育意义的表演。

关于这个话题可以归纳为一句话，就是"教师在课堂上要有舞台感"。具体来说，它包括教师应该站在哪里，怎么站，教师的手势，教师的眼神，教师的语言，教师的幽默感，教师的自我戏剧化等。

我的课堂教学思考（三）：
用个人素养提高课堂水平

本文的写作背景，是我参加黄爱华与生命化教育数学大问题教学研讨活动。

教师应该是一个身强力壮的人

我一直强调，教师应该是一个身强力壮的人。我们一直说教师是脑力劳动者，其实不止，教师还是体力劳动者，教师这个职业，没有身体的支持是不行的。有时我们课堂的失败跟我们的身体状况不到位是有关系的。

再往下讲，就是"教师要过教师的生活"，也就是说，教师要过有规律的、健康的、看上去可能有些单调的生活，教师的丰富是思想的丰富，探索的丰富，情趣的丰富，很多时候不太可能是生活方式的丰富。教师这种职业需要一种非常强烈的认同感，一种使命感，他要能够从工作中获得乐趣，喜欢跟人沟通与交往，有表演素养。

教师如果没有职业认同感，就容易像完成任务一样去教学。我们的生命化教育就一直强调职业认同感，教师应该把教学过程变成一种研究过程，把教学工作变成教学生活，这是教师对职业认同的一种方式。我们要回到我们自身去审视我们日常的教学状态，审视我们日常的课堂表现。

好教师的个人素养

我们再来探究一下黄爱华老师的个人素养。

黄老师的课堂中隐藏着一个秘密。为什么很多人说黄老师的课不可学，因为他的舞台感有非常鲜明的个人痕迹、个人风格。这是不可学的，但可以借鉴。

另外还有一个秘密。很多教师担心课堂一旦放了就收不回来了。我们一直以为"放开"是一种教学的勇气，不敢放开是因为胆子小，其实问题没这么简单，因为能不能放开，跟教师的教学视野有关系。一个教师拥有的素养要远高于教学时所呈现的素养，用我们以前的俗语说，就是"给学生一杯水，自己要有一桶水"；用教育语言来说，就是教师需要有宽阔的知识背景，这里的"宽阔"包含方向感、宽广度、深度。

这些年来，我的感觉是，数学课上最大的问题是数学教师自身的数学素养受到了非常大的限制。我们原来对教育有一种错觉——教学是什么呢？学什么就教什么，学多少就教多少，这是一种匮乏经济时代的匮乏教育的特征。这个话题拿语文学科来讲就特别形象，比如说一个中学语文老师或一个小学语文老师，你读过哪些书，就决定了你对某一篇课文有什么样的理解，因为光看教学参考书是没用的。

上个月我听了一节高中语文课，老师上的是余光中的《听听那冷雨》，这是一篇很难上的课文。余光中是台湾现代散文的创新者，二十世纪二三十年代以朱自清散文为代表的那些散文根本不入他的法眼，他认为那些散文的技术含量太低了，而他采用的是技术含量很高的复杂叙事。他运用了电影的蒙太奇、小说的意识流、诗歌的跳跃与联想等手法，使得这篇文章非常诡异，令人费解。如果你读不懂这篇文章，只把它当作传统的散文进行分析，那么比喻、夸张、排比这些表现形式，事情的起因、过程、结果这种类似于小说的叙述方式，这些分析手法在这篇文章面前，就全部崩溃了。很多语文老师无法理解这一点，只能按照传统的方式来上，所以教不清楚。加上余光中是一个诗人，语言本身非常浓缩，是一种往内收的语言，密码式的写作，一个句子就把你打得落花流水。

我有一次给小学生上《丑小鸭》，就专门让学生提问，学生提了五花八门的问题，比如：丑小鸭是怎么发现自己变成美丽的白天鹅的？白天鹅的蛋为什么会下在鸭子窝里？这些问题教参里肯定没有答案。我跟孩子说，课堂上出现的问题有多种处理方式：第一种是，看看课文怎么讲；第二种是，课文没有解释，你就去看看原文怎么讲；第三种是，如果原文也没有讲，你就要自己想想。孩子问丑小鸭是怎么发现自己变成白天鹅的。我的回答是：因为它从湖上面飞过，下面清澈的湖水，映衬出它美丽的倒影，所以它知道自己变成了美丽的白天鹅。就是这样一篇小文章，我经常会问老师：你有没有读过童话的原文，你有没有读过安徒生的其他著作，你有没有读过其他童话？所以说，教师要时时提醒自己去寻找和发现"知识背后的知识"。

再回到黄老师的课堂上来，某些即兴式的表现、语言、教学方式，其实背后都蕴含着丰富的素养，这才是最难学的。当你有了这种素养之后，你就不是在学黄爱华了，而是成了有特点的你自己。但是从学生的考试成绩来看，这些素养是看不出来的。

我们的数学课如果没能培养孩子对数学这门学科的热爱，那么考试成绩再好，教育也是失败的。这就叫作成功的失败者，"手术非常成功，但病人死了。"我们当今的教育之难就在这里，教学非常成功，教育非常失败，最后培养了一批不爱数学、怨恨数学老师的人。

我们不要夸大观念的力量，什么观念先行；观念改变，行动改变；行动改变，结果改变；结果改变，命运改变。一个哲学家说，要是世界上什么事情都改变得那样快的话，我们就不需要活这么久了。人活的时间这么长，就是为了让我们不断地学习，不断地成长，不断地琢磨，不断地领悟，最后获得新生。

认识到教育是极为复杂的事

这几年我在读关于人的书，关于儿童的书，关于生命的书，关于人性的书，读完这些书之后，我有一种惧怕感。因为，这类书读得越多，你越会发现教育是很难发生的事情，你会发现，人身上与生俱来的、父母遗传的习惯、趣味等特点——我把它称为本质性的东西，教育在这些本质性的东西上能够产生的影响极小。

教育是极为复杂的事，而我们把最复杂的事看简单了。我们很容易信奉"没有教不会的学生，只有不会教的老师"。

昨天来上课的三年级学生的精神面貌和今天来上课的五年级学生的精神面貌大不相同。三年级的孩子，你还可以看出他的家庭背景，到五年级你就基本看不出来了，教育就是要把蒙昧的人变成文明的人，孩子的表情、穿着，还有眼神，是教育可以改变的。

教育是慢的艺术。就像在山谷里喊叫，声音要撞到前面的山才有回响，声音还没有传回来的时候，我们可以审慎地期待，但不要急着去评价。我们做大问题教学这个课题时，要把它看作一种发展性的研究，而不是目标性的测定，要把它作为一个开放的课题，持续地、深入地研究下去，因为教育是难的。

前面我们说的是学科素养，这里我们谈到的是教育品格。教育品格的核心是两件事：一是你要努力探究，弄明白学生是怎么回事；二是针对这个学生你知道应该怎么做。

听了黄爱华的三节课以后，我就在想：黄爱华究竟在为谁上课？现在太多的名师是为自己上课，为下面听课的老师上课，而渐渐忘了上课的初衷是教学生，这些名师走得太快了，以至于把教育的灵魂给丢了。所以我还要强调一下，我刚才说的"舞台感"是一个有风险的概念，走偏一步，就会变成一种表演性人格，现在很多名师就是表演性人格，或者演艺性人格，我把他们称为"教育艺人"。

而黄爱华还是教师，不是教育艺人。其中最重要的区别是：一节课下来，学生有没有成长？学生有没有因为自己的成长感到幸福？这是课堂观察的一个最重要的视角。教育品格意味着教师要从对人的探索出发去思考人的问题，教师注定不能做大事情，但一定要想大问题。教师要坚持做小事，做琐碎的事，尤其是在小学阶段，这一阶段的孩子受家庭教育的影响最深，所以教学组织会显得更加艰难。

如果仅从锦标、从成效来看，这样的道理可能会令你焦虑，但是，当你从教育的立场来看时，你会对学生产生更多的同情、更多的理解，你会有强烈的想去帮助他、改善他、提升他的愿望。

我曾经写过孔夫子为什么哭颜回。通常的说法是，因为颜回是孔夫子最得意的学生，非常年轻就去世了，一生还没有做出什么成绩，所以孔夫子要恸哭。孔夫子哭的是命运：好人不一定有好报，好人不一定长寿，好人不一定有作为。而我认为，孔夫子是替天下的老师哭。老师很容易伤心，很容易被学生的各种各样的困难、各种各样的不幸所触动。教师这个职业，心肠太硬的人做不了，太急功近利的人也做不了。我还觉得自身成长得不好，又没有从"不好"中挣脱出来的人，也不适合做教师。我很希望小学教师有三个"好"：家境很好不怎么缺钱，身体很好能够持续工作，童年过得好很快乐。这样的人至少更"适合"做教师。

我的课堂教学思考（四）：
处处反思,偶有所得

有时候错误是创造性的，正确是模仿性的

我在我孩子读小学的时候得出了一个结论：有时候错误是创造性的，正确是模仿性的。

为什么错误是创造性的呢？因为这个错误是他一个人的，错得毫无道理又无比深刻，也是他从心灵里冒出来的错误。这个错误是极有价值的，你怎么能轻易地用标准答案否定这个错误的价值呢？他为什么犯这样的错误呢？他头脑里的机制跟别人如此不同。我们是不是要尊重呢？我们是不是要问询呢？我们是不是要进一步跟他探讨呢？

我知道你们内心的矛盾是：如果有了这样的敏感之后跟他探讨，我们会不会忘记了教学进度啊？会不会忘记了原来设计的那种课以及教案的安排呢？有时我们不知道，是跟全班同学上课重要呢，还是跟"这一个"同学对话重要。你肯定会告诉我"跟全班同学上课重要",但是如果课堂上没有跟一个个孩子这么真正深入地、个体化地又那么动情地对话的话,你又如何真实地去影响全班同学呢?

也许,在未来人们会看到这样一种可能,最好的教学一定是个别化的。个别化到什么程度呢?这种个别化的教学,非常有现场气息,非常具有生长性,会更多地顾及个别性。就是"一对一"的教学。有时我们需要一种转化,从我们所相信的那一套逻辑化的、制度化的、系统化的,我们称之为科学化的教学方式里面转化。这种转化,其实是我们的一种能力,或者说要成为我们的某种意识。

也就是说,我们的教学总是易于被程式化的东西严重地束缚。在这种严重束缚的情形下,我们对生命的某种敏感其实是渐渐地消失了。

教师这个职业,是很容易程式化的:你教得行云流水,但是课堂没有真正的生机与意外,一切都在掌控之中。

掌控本身就是对生命的一种僭越

记得我大学刚刚毕业,到一所成人高中去上课,学校请了一个当时的讲师来听我的课,他听完后给我提了几个建议。他说,你上课怎么一直走来走去?你这样走来走去,学生的情绪是容易被你搞乱的呀。他提出教学要有"三定":

定你站在哪里讲课,你就站在哪里讲课。

根据课文的内容,你要定表情。比如说上《十里长街送总理》,你的表情应该是凝重的。这一节课，你的表情始终要保持凝重，这样有助于学生深化对课文的理解。

定你这节课的教学方式。

他的这番话令我印象非常深，我当时听了感到非常奇怪，他说的跟我在大学里学的好像不太一样。我采取的方式是非常诚恳地接受他的意见，但是我也知道，自己是做不到的。

我想，有时我们指导教学的样子是不是都有类似的、过于强大的自信在里面呢？为什么要这么定课堂呢？课堂如果回到生命本身，你是很难这么定它的。

所以，我会说教师这个职业是非常矛盾的职业，因为世界上几乎没有任何一个职业对这个职业人有如此细致的规定。几乎所有的一切，都被规定好了。

有一次给教师公开课做点评，我看到一位女老师在登台上课时，有时穿得很优雅时尚，有时穿的又是教师的职业服装。既要美丽动人，又要符合教师规范，她能做到两者兼顾，肯定是下了一番苦心的——后来我问她，她说她常带两套衣服，因为她不知道会场的情绪状态，如果会场很嗨的话，她就会穿一件很活泼的衣服；如果会场气氛凝重的话，她会穿一种比较职业化的服装。

其实，我们教师每天不就是这么想问题的吗？我们有时是根据温度考虑服装，有时是根据今天的需要考虑服装，比如说今天要上一堂很活泼的课，想穿一条很俏皮的裙子，但一定要遮住膝盖。我们要给自己的脸上化一点淡妆，又要不露痕迹。这个职业，你的举手投足、一招一式，包括你怎么跟人说话,它都有成文和不成文的规定。当了多年教师之后,很少有人看上去不像教师,除非这个人存心不想当教师。

我的一个大学同学日语很好,在读大学的时候就翻译过很多日本作品,才华横溢。结果大学毕业后,他去了一所很糟糕的中学当语文老师。没多久,他就被安排到学校印刷厂成了印刷工。印刷工没当多久,他就被彻底开除了,后来直接到日本去了。我的同学里不止一个是这样的情况,还有一个同学也是教师没干多久,因为实在受不了学校的管理,就去当了出租车司机。后来,他开了一家工厂。

我曾经问过他们:你们离开学校最根本的理由是什么?没有一个人说是工资低,所有人都说:实在受不了学校对人的约束。还有人说道:"我实在受不了我们教务主任那张脸。"教务主任那张脸,是学校最具有代表性的,它比校长的脸更具有教育性。我这样说,绝没有嘲讽之意,而是我要做精神现象学分析。因为学校可以没有校长,但不可以没有教务主任。教务主任是学校转动的中轴,他电话不断,因为所有检查都跟他有关系。所以当教务主任的人,需要有一颗很强大的心脏。没有强大的心脏,你就一天到晚都要担惊受怕,你就当不了教务主任。

给教师的教学建议（一）：不妨走一条做"亲师"的道路

生命成长的陪伴者、呵护者

这两年教育界流行一个词叫"名师"，很多人的理想是"我想做名师"。对这个理想，你如何评价呢？其实"名师"这个概念，有时候是比较抽象的，对此，我可能还有一些更清晰的表达方式。比如说小学教育的核心就是要做"亲师"——父母亲的"亲"，亲近的"亲"，亲密的"亲"，亲善的"亲"。

作为一个小学教师，实际上，他对学生最核心的教育就是一种情感的教育——他在跟学生的交往里，让学生首先感受到温暖与爱，能与之亲近，并通过和老师的亲近，去用一种怀有美好期待的心情，观察和感知这个世界。

加拿大有一个教育学专家叫马克斯·范梅南，写了一本名为《教学机智》的书。在书里面，他提出一个概念：教师是能够代替父母的角色的，世界上也只有教师能够代替父母的角色——在孩子心目中。

而这个替代，其实只能发生在小学阶段。小学阶段的老师，不仅是知识的传授者，而且在孩子的生命成长上，他们还担负着某种意义上的养育职责——也就是说，小学老师不仅是知识传授者，还是生命成长的陪伴者、呵护者。

情感关系大于知识关系

情感关系大于知识关系，是我们小学阶段师生关系最为实质性的特征。

即便是传授知识，这种知识也要通过教师的情感加工，才能真正进入学生的心中。在某种意义上，知识是一种冰冷的事物。让这种冰冷的事物和小学生的生命相容，产生一种"化学作用"，被学生热情地接纳，其实是一件非常艰难的事情。

到现在为止，人类还无法清晰地描述人到底是怎么学习的，到底是如何得到领悟的，又是什么样的原因导致每个人的学习效果如此不同。到底是什么力量能够让孩子得到迅速的发展，或者导致孩子很缓慢地发展，要明白其中的奥妙，明白其中的规律，是很艰难的。

美国的教育家杜威对教育的探寻，有漫长的几十年的历史。但他到了晚年，90多岁，依然在带学生和助手继续研究。他后来感叹：教育其实是一种神秘的艺术，即便是探索了一生，我都不敢说知道了教育到底是怎么回事。

　　但可以肯定的一点是，学生能得到老师善意的鼓励，得到老师及时的帮助，出差错的时候也能得到老师温和的包容，这一切，一定会对孩子产生一种稳定的、积极的影响。

　　我还在多个场合提及，如果让我选教师，我一定选身强力壮的人，只有这样他才能够经受住各种层出不穷的琐碎工作的挤压。所以老师的身体状况，恰恰是这个职业最核心的保障之一。同时，我还会有另外一个思考：选教师可能还是要选择那些童年过得好的人，因为只有童年过得好的人才会快乐，才不会长着一张特别愁苦的脸，不会看上去忧心忡忡的。其实童年的这种幸福，它是可以照射人的一生的，而你作为和孩子打交道的老师，你的幸福感也会照射到孩子身上。这种幸福的生命，它有一种自我洁净、自我更新的能力，更有惠及他人的潜移默化的功能。

　　但是另一方面，对于小学老师来说，是有隐性的"业绩不公平"的情况存在的——有时候，我们会难以看到这个阶段老师的教育成果。这是我们小学教育包括初中教育的一个特点。

给教师的教学建议(二): 积累丰富的教学案例

认清一些核心问题

作为教师，你在职业生涯的整个过程里，是需要有很多能力的。但即使你拥有很强的能力，当面对学生的问题——学生的成长问题、学生跟父母之间的问题、学生的学业问题……种种长期的不断的困扰时，你也会感叹，这几乎就是我们的职业宿命了。

这当然不是一种悲观的对人生意义的判断，而是一种提醒：教师如何在这种不断的困扰里，认清一些核心的问题，去做一些真正符合"教育"价值的事情。

我曾经谈过教师职业宿命所包括的特殊含义。首先就是，无论这个孩子来自什么样的家庭，他的智力状况如何，教师都要和他的智力起点做斗争。什么意思呢？就是说这个孩子只要是你们班的学生，你就要帮助他提高学习能力，尽管有时候这是极其困难的事情。

有一次我到一个小学听课，发现班上有个孩子的数学成绩特别差。后来老师告诉我"这个孩子是我所教过的所有学生里面数学成绩最差的，每次都考三十几分"。

我问："那你怎么提高这个孩子的数学成绩呢？"

他说："最重要的不是提高他的数学成绩，而是不让这个孩子丧失对学好数学的信心。"

我问："那你怎么做？"

他说："在课堂上，最简单的问题我总是叫他来回答，从而提升他的自信心。"

我又问："这样有没有效果呀？"

他说："如果从分数来说效果其实不太明显，但是从情感方面来说，现在这个孩子还是挺喜欢数学的。"

我听了很感动，这就是教师应该有的对生命、对学习的理解力呀。我跑去对他的校长说："这个孩子的数学成绩那么差，如果你对他的老师做评价的时候算班级平均分的话，那就对这位老师太不公正了。"

伟大教师的样子

不管一个教师的教学如何，伟大的教师往往都是最富有人性的、最富有同情心的、最擅长帮助孩子的、有最强的抗挫折能力和抗打击能力的。也就是说，他能够在普遍认为的艰难与困扰里，闪出最温和的光芒，这光芒足以照亮每个孩子的人生——是每个孩子，包括学业好的和学业不太令人满意的，甚至差的孩子。

有些事情，不是说你做错了，说你能力有限做不到，或者说你命不好，遇到了这样的学生。其实这是由我们的职业的命途决定的——我们就注定要遇到不同起点的孩子，我们要做的，就是接纳他，尽我们所能去帮助他。

但是，一些在困境里斗争的教师，经常处于孤军奋战的状态，这是这个职业很大的一个麻烦。

我曾经和美国非常著名的教师雷夫，在苏州做过一次对话。雷夫当时说了一句话，让我记忆犹新，他说他认为世界上大部分的老师所遇到的麻烦都是一样的——有一些来自政策，有一些来自孤独。

他说他在他的学校实际上是没有朋友的——美国的教师不会进行教研上的合作，所以他有时候会觉得很孤独，而这种孤独感、无助感，其实是教师职业的一部分，教师需要接纳它，然后想办法从更有智慧的人那里去汲取智慧，这就是我们成长的很核心的一种方式。

所以，从教师这个职业来说，我会特别看重教师本身的经验，这个经验其实就是你的经历。当你没有丰富的经验的时候，你面对复杂的学生或者说各种奇奇怪怪的学生，会觉得没办法找到更好的方式去帮助他们，有时候，在处理一些问题时，就真的会失之简单粗暴。

不要把教育看得太简单

有时候，我们会把教育的这些复杂的问题看得很简单，也更容易盼望我们的教学有立竿见影的效果。

其实"立竿见影"，就不应该属于教育的范畴，教育往往是很难立竿见影的——经验就显得很重要。对于年轻教师来说，当你积累了更多更丰富的教育案例的时候——案例本身就是一种丰富的智慧，你掌握得越多，就是越有教育智慧的人。从职业认同这个角度而言，你的教育经验丰富，会增强你的教育临场把控能力，会有助于你更喜爱这个职业。

教育临场把控能力，其实是指教育是临场性的，学生在教学现场出现问题了，你要立即解决它——不会有太多时间去思考，要迅速做出回应。这是特别考验一个人的智慧的。

记得有一次我参加一次教学公开课，教师比较年轻，对学生的情况不是很了解。这个老师大概希望遇到活泼、积极回应的学生，让整个场面更为好看。讲课中正好有一个这样的孩子，老师提出第一个问题，孩子就举手，然后回答得非常好，老师就鼓励了他。接着提第二个问题，这个孩子又举手；提第三个问题，孩子又举手……几乎所有的问题，这个孩子都举手要回答，甚至于后来他干脆不断地喊："老师，我来我来！老师，我来我来！"

所有的听课者不再关心这个老师教的是什么，而是关心这个老师怎么处理他跟这个孩子之间的教学问题。说实在的，作为一个年轻教师，他在课堂上的窘境是非常显而易见的。

有人说过这样一句话，凡是你事先准备好的都称不上教育智慧，真正的教育智慧是在临场性的场景中出现的。这种临场性的把控智慧，需要你提升能力。这本身是一个很复杂的过程，不能把复杂的问题简单化。

也就是说，你要对教育这个职业有敬畏心，你要不断去琢磨你所遇到的任何问题，它不是只有一种答案，你要不断把这些问题形成系统性的思考——这是一种能力。

直观来说，当然这个能力也不是说，什么时候想到了才去做，而是你要时时思考可能会遇到什么问题——用我的话描述就是"你想得快，但是你可以回答得慢"。想得快，实际上跟你的判断有关，跟你的回应能力有关；但是回答得慢一些，就可以避免临时出差错，使得短时间内，你的回答是经过深思熟虑的。

从教师职业来说，就是你需要像一个教师一样去思考，思考得更缜密、更系统，更有经验的依据、理论的支撑。这是教师的一种素养。而这个素养需要你在教学生涯中持续地进行训练。

遇到问题，先怎么处理？现在别人向我提出一个问题，我常常这样回答："对这个问题我有三个看法。"无论问我什么问题，我都说我有三个看法。其实我首先想到的是第一个，然后在缓慢地讲述第一个观点的时候，思考出第二个、第三个观点。

我举这个例子就是想说，其实我们无论遇到什么样的问题，都可以想到"对这个问题我有三个看法"——其实这是一种开放式的思考问题的方式，它是一种层层推进的方式，使得这个问题变得更深刻；它用归类的方式，用一种专业的方式，使得我们能够对这个问题做条分缕析的说明，使回答显得更为完整，更有说服力。

其实这种专业的方式所有的人都能使用——当我们意识到我们马上就能使用，以后见到人、遇到问题时，就会用这样一种方式去思考。在这样不断地思考的过程中，我们会感到自己变得灵动起来。

给教师的教学建议（三）：让自己的教学版本逐步升级

勤奋而笃定，坚韧而善思

我所认识的很多老师，都勤奋、笃定而坚韧不拔。孙明霞老师就是其中一个。

从那些名家成长的轨迹中，我们可以发现，他们一直不曾停止思考和探索，他们在不停地让自己的教学版本逐步升级，明霞老师也是如此。

16 岁很懵懂地进入大学，由不熟悉到慢慢爱上了这个学科。专业学习成绩不错，尤其对植物分类学、遗传学等感兴趣；课余时间都在图书室里度过，也借此机会看了很多过去不曾读过的中外文学名著，但由于大学以前英文基础为零，毕业后不敢报考硕士研究生，直接被分配当了中学生物老师。

当老师之初，渴望被听课指导，渴望向他人学习，但没有任何机会，因为全校只有我一位专职的生物教师，我只能凭借大学实习的经验教学，所以，工作之初的两年半从没被听课，也没听过别人的课；两年半后，被调入教研室当教研员，发现全区各校都没有专职生物教师，课堂上错误百出，有的老师连标本是什么也不知道。为此，我找出大学教材，手绘大量投影片给老师们上课，带着老师采集标本，每天去各校听课指导，有时直接现场上示范课，慢慢提升了全区生物教师的专业能力。

因一直对课堂和学生有感情，当了 8 年教研员后，又主动到学校教生物，通过招聘考试进入现在的学校，开始真正思考如何将知识、能力、情感等融为一体，开始真正关注学生，思考教学如何服务于学生一生的发展。因领导的器重当上中层干部，帮助身边的年轻教师也成了我义不容辞的责任。

——孙明霞

这样的升级不仅包含着不断地创新，不断地丰富，而且还会使她对课程本身的教育思考与理解更为深刻。

教育思考，其一可以升级教学版本，其二可以让思考者的思想更加深刻。这种思考有它特有的风格，其实它可以算是不断地回归到生命自身的思考——可以让人重新思考生命，然后会使得一个人自然而然就有了"生命第一""以生命为本位""以个体的价值为最高标准"的价值取向。这样一来，其课程的价值观，就会很明确地被建立起来。

独立的人格和自由的精神

我始终认为，一个教师，具有独立的人格和自由的精神是非常重要的。它包含两个层面：一是不断地接受这样的价值观对自己生命的掌控——人类最好的价值观就是对自己生命的掌控力；二是转出，就是你所倾心组织并参与的课堂教育活动，其实也在不停地加深你对教育意义的认识。

归纳来讲就是：一方面是实践化，另一方面是在实践的过程中不断地加深对这一思想的理解。这样一来，一个非常精彩的教育现场就可以被完美呈现了。更多的教育现场，就在某种程度上形成或改变了教育生态环境。

说到教育生态，我就想到法国的哲学家埃德加·莫兰在教育领域也有很多原创性的理解。他对教育生态最好的描述就是：这种生态里面的"生"就是指活性——"生"就是生活化，就是生长；"生"是富有灵性、富有美感的一种自然现象。"态"是指状态。我们经常说"参差多态"，也是在描绘春天最大的魅力。"参差多态"是对一切生命的承认与尊重。因为只有在与"参差多态"同样的丰富多彩里，我们才能体会不同的生命所呈现出的不同。

其实"多样性"是和"生态"紧密相连的。因为生态本身就是一个多样性的存在。

明霞老师的课堂，的确是在不断地从实现课堂本身的目标，转到以文化为本位的课堂分布深化，这是比较难得的。虽然她是教生物的老师，但是她以生物学科为根本的课堂途径，把整体的生命教育带给了学生。同时她又用特别生命化的途径成全了生命，这才是生命化教育的最核心的方式、最根本的课堂追求。

　　一直以来，我都是带着约会的心走进课堂的，陪伴着一批批孩子成长，是工作中最幸福的事；多年来对教育教学的积累和思考，形成了自己的见解，我课余时间撰写了大量随笔，喜欢将自己的观点、做法和身边的同事分享，经常帮助身边的老师，推荐优秀图书，指导课题研究和课堂教学，效果不错；校外很多学校邀请我对老师进行培训指导，我就利用节假日和周末时间进行；连续 8 年寒暑假参加了校外一些公益培训（为中国而教，天使支教等）；2014 年开始应一些乡村校长的要求带徒弟，结果就有了明霞工作室，后来发展成全国 30 多个工作室、成员 400 多人的民间公益团队——明霞教师成长联盟。

　　虽然大多数周末和假日不能休息，但乐此不疲，在活动中结识了大批优秀的学者、校长和老师，让我学到了很多，也明白自己应该做、能做些什么。虽然个人力量很微弱，但可以为孩子们营造一个局部的春天，帮助部分老师走出自我发展的困境，就是值得做的。我希望，我一个人的变革，能推动更多老师的课堂变革、教育变革，为更多孩子一生的发展服务。

——孙明霞

我一直特别重视那些值得很多老师借鉴的生命化教育的范本，明霞老师就是这样的范本。她对教学的研究，和学生之间相处的方式，跟同事、朋友之间交往的自然的状态，以及她对新知识和新思想的不停地、敞开胸怀地接纳、吸取，使她最后收获了属于她的、独有的、非常精彩的"明霞教育学"的果实。

因此，明霞才能带领自己的团队，一直进行着很接地气的研究。其实这也是生命化教育研究的与众不同之处——非命名式的研究。

属于自己的非命名式研究

何为非命名式研究？听起来，我们会觉得很陌生，其实它是生命化教育的一个重要概念。因为所有的教育行为或者思想、理念、方法，其重心都是促进教师与学生生命精进的法则，而不仅仅是一个证明某个理论的证据，不仅仅是为了让理论变得有更强的权威性与说服力的证据。

说实话，我们的研究，极少采取这种很"笨拙"的理论体系，这一条那一条地把一切东西都说成是我们实验的最基本的特征。相反，我们越来越不把它当成一种实验指导的金科玉律，而是把它作为教育的立场和方式——非实验的方式。更重要的是，如果把它当作一种实验的标准，大规模地展开，其风险也是极大的。

我更为赞成的是，无数的老师都以自己的课堂为基础，去寻找更适宜学生成长的方式，而不是在某种教条的指挥或者约束下，去反向施教。这不正是以生命为起点，以成全生命为目的吗？

而且，教师自己也是在这个过程里慢慢成长的，而不是被限制的。因此，他们的生命也会变得更丰富精彩，对世界的认知也会更博大深邃，同时，看上去会显得更朴素、更真诚、更自然。其实这也一直都是我们在努力追求的。

　　对很多引领者来说，他们很难把自己归为"平民"，但我们从来都未曾脱离平民身份。既然做研究，就更不要把自己贵族化，或者精英化，这点很重要，这才是我们真正的生命立场。一切的研究，同时也在成全着我们，成全着我们的健康、快乐。也是在研究中，建立了生命彼此之间的各种情谊——师生情、友情，成全了彼此之间非常亲切自然的、无障碍的生命的交融。

　　我觉得明霞老师的研究，其实是创造了一个新课程，它以个人生命为介入方式，始终有个人生命存在，既有对学科的理解，又有丰富的价值观，这种"明霞式的课程"是具有引领作用的。

　　而读书学习，提升自己的理论水平和教学能力，成了我一生的必修课，有位学者朋友说我是自带生命成长发动机的老师，有些夸张，倒也说明我读书学习是一种很自觉的行为。家中图书满满一屋子，自费走了很多地方去学习，有时不被理解，甚至曾被某报记者问"为什么不找校长报销"，但我认定，学习是我内心所需要的，我希望自己做得更好，更能帮助到学生们。

——孙明霞

我以前从未想过，如果一定要我对自己的研究做概括的话，该如何做。如果一定要归类，它也许更接近"诗化"的教育哲学，它不是为教育哲学而做的，但其实包含着我十分丰富的教育思想。

所以，我不是没有研究课堂技术，而是一直在研究关于课堂的课题，只是我一直避免我的研究变成格式化的东西。

这么多年来，我认识了许多一直在听我的课的老师，也在关注、观察他们的许多特点。所以我并非没做研究，而是喜欢用更偏教育哲学的方式去思考，喜欢用非常有现场感的、生命在场的、很有课堂观感的、即兴式的方式来思考。

关于这些，希望会给大家一些启示，更重要的是可以引起大家对自己的教育教学、对自己的课堂更深入的思考，然后大家有自己的更深层次的理解力，把教学做得更好。

给教师的教学建议（四）：
"明师"的三种基本特质

具备思考教育的意识和能力

我经常会想：我们一直把教师素质的改善看得很重要，但是我们在教师素质的改善上花费了那么多精力之后，发现还是没有很明显的效果，原因到底在哪？

试看，我们教研机构的研究方式、教育思路是独一无二的；我们的听课制度也是世界上独一无二的；我们的教师职称制度、论文制度、各种考查制度都是世界上独一无二的。制度这么完备，我们的教学为什么不能得到真正的提高？原因在哪里？

所以，对这些疑问的反复思考，使我更加明白：我们的教师，处于大环境极其复杂的时代，我们每一个人都是混合型的，每一个人在这样的文化环境下都是复杂的、矛盾的，同时又是痛苦的。可以说，我们教学工作的痛苦，既跟我们自身的素养有关，又跟一些定式的规程有关，包括前所未有的对教师工作的干预性评价。

说实话，我也无法提出解决的方法，而只能提醒大家要时时用正确的观念去思考教育。

降低评价影响， 提升自身综合素质

我觉得对教师而言，除了整个大环境的改善之外，最重要的是还要把提升教育的希望放在提升自身的专业素养上。

令我记忆深刻的，是有位老师在评课的时候，说他没办法对这个老师的课做什么评价：一个从没见过的老师，一群从没有接触过的学生，怎么评价？我跟一些老师也聊到，如果我听过某位老师好几堂课，都上得极其精彩，突然今天这堂课上得很糟糕，我怎么能就这堂课来评价这个老师呢？我必须跟你对话，必须了解你，了解你在教学之前或者在过程中到底发生了什么。

我想要说的是，真正对学生产生影响的不是一堂课上得精彩与否，而是教师本身的专业素养，也就是丰富深刻的教育素养是否影响了学生。有了这个前提之后，一种课堂的授课方式，或者说课堂的教学过程，才会成为整体教学过程中的一部分。当它成为整体教学中的一部分的时候，我们对它的评价，其实就没有那么重要了——我们要评价的是整体的效果、长远的效果。

这些年去听课，我经常有这种感慨：我们在强调新课程的时候，是不是特别关注学生是否主动、课堂气氛是否活跃、学生是不是善于提问、老师是不是能够回应得当？我很在意这些。

对于教师而言，我还是把关注点放在他的综合素养上。有一次我听了高中的政治课"全球化经济"，按照新课程标准来评价，上得太好了，学生的问题都准备得很充分、很精彩，课堂讨论也有新的成效。但是下课之后我问那个老师："你上课，除了按教参认真准备之外，还看了什么书？"他说他真的什么书都没看。其实教师除了要用情感去引导学生的人生方向之外，还要用专业的能力、开阔的视野、丰富的阅历，独特而又深刻的理解力去影响学生。

这种影响可能对一个学生，特别是中学生、高中生而言，是最为重要的。

具备深刻的教育理解力

作为一个教师，你要真正有专业水平和职业尊严，它们无非来自两个方面：第一，具备公民的基本的素养，它不仅跟教师有关，跟全体社会成员也都是相关的；第二，具备专业素养，即与你的职业相关的高深的理解力。跟学生对话，学生遇到疑难的问题时，你怎么回应呢？回应的质量如何？得到学生的反馈和评价如何？想让这些反馈都是正向的、积极的，教师要具备的最核心的东西就是专业理解力。

如果没有这样的专业理解力，我们怎么做老师？曾经有一个很厉害的老师，跟我分享过他作为一个好老师的经验——谈他在班上"抓小偷"的故事。一个孩子偷了别人的手机，经过老师的教育之后，被教育好了，然后这个老师说"我又挽救了一个学生"。有时候，这是我们经常有的逻辑——通过教育，我们把一个处在犯罪边缘的学生给挽救回来了。

但我有不一样的理解：其实一个学生偷了人家的手机，已经不是教育的问题，而是法律问题了。因为作为教师，你并不能解决更多的学生偷窃的问题，甚至你还不能解决这个学生以后的品行问题——这也是今天我们中国教育的麻烦所在，有时候明明是法律问题或其他问题，我们却把它看成道德问题，看成可以一次性解决的问题。所以很多时候，我们又把需要由法律来解决的问题，看成是教师能够解决的问题。我们把很多问题放在一起推给老师，推给学校，对教育工作也是不公平的。

我德国的一个朋友告诉我，德国的孩子离开学校之后，发生任何事情，学校都不承担责任。但是我们的学校完全不是这个状态。有个校长曾经讲过他学校的一个案例：一个学生肚子痛，回家之后半夜去世了，家人把孩子的尸体运到学校去——突然去世一定是有原因的，身体的原因或者突发性的其他原因，这是医学和法学问题，相关部门却通知学校尽快赔偿，这不是一个很坏的示范吗？

这是我们今天的教育中无法摆脱的痛。我这样分析并不是想唤起仇恨，而是提醒大家，需要有新的思考方式和解决问题的途径。教师能够承担的问题归教师，教师不能承担的问题就不能归教师。

这个首先需要教师觉醒，去主动划界，在遇到类似的情况时，能够从这个理解上去声明立场，去坚守原则，努力去除教育之外的干扰。

回归教育，回归课堂

谈到必须要教师承担的问题，就要回归教育，回归课堂。我一直强调的教师要思考课堂，恰恰就在于这个是教师必须去承担并且要做好的事。所以，作为一个教师，你仍然需要有一种教学技巧和教学能力方面的自我修炼。

我有这样一种思考，所以我现在去听课，去看老师的教学，去看老师某一些教学方面的困难与失败的时候，有了一颗平常心，没有那么着急，没有那么焦虑，甚至没有那么急着要去帮助他了。因为我明白教育本身是复杂的，有时候所谓的帮助其实并不能够马上就见成效，甚至有些帮助是根本做不到的。比如有一些问题是孩子自身成长的问题，有一些是社会的问题，有一些是他家族的问题。我们的教育能够做到的非常有限。我提出"教育是慢的艺术"，其实也包含了一种建设性的理解——等待着孩子生命的自然成长。

对于教育者来说，最核心的是什么？我不妨做如下的总结：第一，重新发现儿童，重新理解儿童。第二，从偶然选择到自觉改变，做一个真正的教育研究者，用一种开放的、建设性的、渐进渐变的方式去理解今天的教育——我说的自觉是一种自我提醒，是一种自我变革意识。第三，其实我所谈的这些问题背后都有我的某种立场和人生信念在里面。你要建设的教育人生，当然也要有你的某种立场和人生信念在里面——这是你教育价值的基础和根本。

下卷

在教学现场

课堂教学技能探讨十三例

教学方式的转变是否一刀切

背景：上数学课《求近似数，四舍五入》，教师让学生去收集生活中带有数字的资料，结果很少有学生收集到，一个学生收集到厦门 768 名学生带着 680 多棵树去植树。教师问大家从她的数据中获得了什么信息。学生说，这么多的数我都记不清了，另一个学生也阴阳怪气地说，这么大的数我也记不住了。老师让学生讨论怎么样会好记些，想以此引入近似数，结果学生大多木木地自己玩自己的。最后还是老师自己说了。

我们要怎么理解学生学习方式的转变？学习方式的转变不是一刀切地从原来教师滔滔不绝地讲或问，一下子放手为学生的自主探究。学习方式的转变同样是因学生的特点而异的，有的学生适合于独立思考；有的学生需要与他人交流，在别人的刺激、提醒下理解；有的学生更适合于听老师分析；有的学生就是要在动手实践中才特别容易掌握知识。

所以，教师一刀切的教学方式转变，是不是对每一个孩子都有意义，需要我们去观察思考。

反思尝试教学法

背景：教《求圆柱体的侧面积》，教师准备了很多材料，但在教学过程中，只是一件一件地呈现出来，让学生猜测，让学生不断地进行尝试错误式的学习。

尝试法在数学教学中是一种很好的方法，但是每一种方法的应用都是有一定的条件的，在什么情况下运用最佳，教师备课时是要思考的。每一种方法也都有它的局限性，这就要求我们的教师要有批判思维。批判不是排斥，而是一种反思，是价值的建构。

这节课，教师开始时让学生进行试错，让学生在试错中自己得到求面积的方法，这不错，但整节课都在试错中进行，不仅耗时，而且琐碎，显得混乱。倘若教师能善于从琐碎的小事中，用三言两语清晰地抓住重点，而后挖掘出背后的意味，在关注中、琢磨中生成，可能就会有另一种教学效果了。怎么做呢？那就是给出所有的条件和材料，让学生在这样一个场景中去思考顿悟，这样就会省下很多用于学生随意性猜测的时间，学生会有更多的时间用于整体性的思考、顿悟，教师的指导、归纳总结也会更从容、有效。

师生之间的构成关系

背景：课堂上教师教学时总是用一个标准的答案限定学生，让学生不断地猜测，直到把学生的思维引向老师想要的、认为正确的方向为止。尤其是教师板书的内容，将之体现得最为明显。评课时，老师说：如果我们不这样教学，考试时就完了，因为改卷总是按标准答案改。

课堂上师生之间构成的关系通常有三种：

1. 被动应答；

2. 主动适应；

3. 自主生成。

当教师把课堂教学限定得过窄时，学生就处在被动应答上，他们没有自己思考的时间与空间，只能等待老师提问，而回答后又期待老师最后的定夺，然后记下标准的答案；有些教师可能会稍稍放松些，先发散再归纳。我们可以看到学生在课堂上会主动去适应教师，会去思考、猜测教师想要的答案。

这其实对学生的学习与发展依然是没有好处的；教学更多的是要了解学生已知什么，然后教在学生似懂非懂之间，也就是维果茨基说的最近发展区上，学生才能在学习中自主生成。师问："那考试时怎么办？"……雅斯贝尔斯说："一个人只关注眼前的利益他就很难有开阔的视野。只盯着学生的考卷教学，是很难培养出活泼、自信和智慧的学生的，教师也不会有真正的教育智慧。"

这种不害怕正是害怕的体现

背景：作文讲评课上，教师对作文的立意要求很高，把思想意义作为重点来拔高学生的表达能力。学生在教师的引导下，说出了许多口号与套话。

表面看，教师在笑盈盈地教学，是一种和蔼的指导，然而在这种传统作文教学理念下，在重视高立意的指导中，教师依然带给学生一种很大的心理压力，这种压力是在长期的教学意识、学习意识中形成的；同时也是由课堂里教师的权威与学生的群体压力构成的，在这样的场合下，即使教师是温和的，学生依然不得不朝着教师引指的方向说出他们并不真正懂得的口号与套话。

当学生表达出来时，教师的肯定、认同就会成为一种暗示，让更多的学生往那样的方向去思考，去作答。学生在课堂上说不紧张、不害怕，同时也这样表现出来，可是我课后问几个孩子，他们在这样放松的时刻，才说出真话——整整一节课都害怕得要命。学生课堂上的这种貌似放松其实是害怕与紧张的"伪装"。

把简单的事说幽默

背景：一个教师教学《桃花心木》一课，为了突出自立自强的品质，他引用了一个故事——一对失去了双亲的姐弟，姐姐为了弟弟能完成学业而弃学，起早贪黑地外出打工赚钱，回家还要帮助弟弟料理生活上的一切；弟弟也不负她望，学习很努力成绩也相当好，经过几年的奋斗，终于上了重点大学，然而就在上学期间，弟弟因为生活不能自理而痛苦万分，最后自杀。教师讲得拖泥带水，学生都没什么感觉。教学时对课文的处理也只停留在对词语的理解上。

把简单的事说生动，哪怕是一个讲了十几遍的打酱油的故事，也要说得投入生动，打动现场的听众，这应当成为我们教师的一种本领。

这样一个感人至深，也与课文有着密切联系的故事，被老师讲得这么平淡真是太可惜了。老师对《桃花心木》这篇课文的理解不能仅仅停留在借物喻人上，也不能仅仅把教参上的一点结论教给学生；更应当有自己的思考。只抓住"适者生存"这一点，教学就浮于浅表。

公开课要真实

背景：一位老师开课前异常紧张，她给听课老师说了自己的一些紧张表现。几天来，在头脑中一直想着怎么上好这堂课，备课已让我好几个夜晚都没睡好了，昨天中午又睡不着，心想明天就开课，像我这样的年纪还上公开课的老师很少了，至少我自己就没有听过，那我怎样才能变得年轻些呢？就想着在头发上打主意，考虑头发是剪短还是盘上去，一个中午就那样折腾着；下午一忙，什么都忘了，晚上已是很晚了，可是还是睡不着，又想起了这事，出门找理发师，到了12点多才回家，不知几点才睡去，醒来时是4点多，便又在床上翻来覆去地想，构思出了今天的板书……

上公开课无论是紧张还是从容，这都是正常的感觉，人之常情，也是我们说的生命在场的反应。上公开课，尤其是有利害关系的公开课，我们无法摆脱心中装着听课教师而备课、上课的顾虑，这是公开课的一个致命不足。

但是，课堂上依然要有教师个人所独有的自在的追求。我们平时教学的一贯主张、教学理念等，还是要真实地展现的，被别人欣赏与肯定就是我们公开课教学的目的之一。

有所弃才能有所得，公开课教学要避免一点，即为了不让听课的人提这样那样的"建议"，就把内容安排得满满的，什么都想教，什么都想在课堂上体现，似乎一节课就可以完成所有的任务，大有毕其功于一役的心态。

然而，我们在这样的课堂上所看到的恰恰是什么都想顾及，却什么都没有落实。教师在课堂上很急，缺少耐心，教学总是匆匆地赶过场，其结果是忽略了学生的课堂真实状态，这是非常遗憾的。

课堂也是一种人际交往

背景：上语文课《蜜蜂》，教师在教学过程中，紧紧围绕教参上提出的几个问题让学生反复地思考、答问，课上得简单、单调，一直在教材里绕来绕去。

这节课师生之间的交流还比较多，这比较好，不过交往的内容简单了些，学生之间的交往就更少了。语文课堂要更多地体现人际交往，要有助于语言的使用、表现，它会超越知识的获得。

老师本身是学习最好的教材，学生能够从教师的表达里学到丰富的语言，学到具体情境里生动的、活的词汇；而且在人际交往中，教师或同学的交流姿态、表情、音量、态度、表现力、眼神等综合素养都能让学生清晰可感，对提高学生的自信，促进大方、流利的谈吐等有着极大的帮助。

课堂要引入更多的问题辨析

背景：上数学课《一个因数中有0的乘法》，教师教学时总是让学生做错与对的简单判断，学生把508×3算出得数为1554，教师只是订正，没有分析错因；而且在课堂上多次说"做对的请举手""做错的请举手"，然后就仅仅只是看一下举手的人数而已，没有下文了。上另一节课《跨越海峡的生命桥》，教师在教学中提出很多的问题，但都是浅显的，只要熟读课文就能答，而不需要分析综合或联系实践、生活经验作答，还有很多问题只需回答"是"或"不是"就可以了。

我们通常说，课堂上要让学生动手、动口、动心、动脑，这动脑就是要有一些思考量比较大的问题，要让学生把阅读或原有的知识与当下的问题结合，产生冲突，产生张力，引发学生动心，从而有这样静静地思考的机会。学生平衡自己张力的过程，是最为专注的，也是他们收效最大的学习活动。

我们教师的教学要给学生创造这样的机会，要引入更多的问题辨析。

学生在比较、思考中，让问题真正地进入了大脑并引发一定的情感、情绪，这样他们的学习过程就真的有了自己的体验了。

教师的自主性和创造性

背景：教学《我们的玩具和游戏》，教师导入问："孩子们，你们都喜欢玩些什么游戏？"四五个学生回答后，教师说："现在老师和大家一起看一看其他地方小朋友玩的游戏。"看完录像后，师问："他们都有什么玩具和游戏呢？"接下来就是朗读课文，解读课文，教学始终没有离开过课本，重点一直都在"你喜欢什么玩具？请你读这段""你喜欢哪个季节的游戏？请你读这段"上面。

教学是培养人的活动，教学是生命化的，当教师在教学中有人的意识时，我们的教学就会从对教材的关注转向对学生的关注。教学这样的课文，我们会更多地从孩子的兴趣与体验出发，把课文教学与他们的生活经验结合起来，让学生的体验与热情能通过语言，像课文的表达一样，很有意味地抒发出来。

从本课看，我们会清晰地感受到该版教材注重体验的介入，贴近学生生活，因而更强调教师的自主性和创造性。在教学中教师可以通过学生的生活经验来丰富教材、解读教材，同时也使得课堂生动活泼，让学生感悟到生活乐趣可以有多种表达方式，既体验到教材中的情趣，也学到课文的语言之美。

教育有时可以用些温柔的惩罚

背景：教学《不懂就要问》后，评课时，教师们议论古代私塾的"严"与"打"。

我们教师常常有一种非此即彼的思维，一提到教育不能体罚，便马上想到"没有惩罚的教育是不完整的教育"。且不说体罚与惩罚有着极大的差异，就说惩罚，一提起这个词，很多教师就会立刻把它与"打""站"等具体的细节联系在一起，并觉得不对一些调皮捣蛋的学生采取这样的措施，教师就没法教下去。

其实，我们的教育很少考虑到那些潜在的、负面的罪恶。立竿见影的方法会助长"恶"的强大，一个学生被罚站了，可能被你这么一罚，他怕了，不再出现这样的行为，但是，孩子的心里不一定真的服，被激起的可能是更为可怕的情感。这种师生情感遭到破坏后，即使你进行弥补，但在孩子的心中那种伤害是难以抹去的。

教育有时可以用些温柔的惩罚。如短时间地剥夺孩子参加某种感兴趣的集体活动的权利，让他意识到捣蛋所要付出的代价。就像一个美国教育学者所说的，如果教师失去耐心和职业水准，对学生泄愤的事件就会大大增多，尽管事后我们能让事情恢复平静，但是在你发泄的对象心里，事情是永远不会恢复的，这样师生的关系就会进一步地恶化。和学生争吵，我们永远赢不了。

哪些讨论方向有助于推进理解课文

背景：本课教学《大禹治水》，讨论到大禹为什么三过家门而不入的环节。

可以说这节课的教学，教师还是很用心的，可以看出备课设计花了很大的力气。教师在课堂上的精神气象很好，提出的问题也很有思考的价值。学生的学习情绪也很高，从学生提出的问题就能看出平常的功夫，可以说是训练有素。

教学过程中教师显得从容，特别有耐心，能够循循善诱。这里我想对学生提出的这个问题"大禹为什么三过家门而不入"做进一步的说明。应当说这个问题提得很好，对学习探讨这篇文章是很有价值的。

可惜这个问题出乎了我们教师的意料，教师也就没能敏感地抓住这个问题而加以引导。大禹治水时间之久，他对家人及家人对他的思念之深，学生都理解得很好，这种亲情谁都能理解、感受得到，你想他就是进家门一下，几分钟，会误事吗？他走在治水队伍的前头，他和家人见一面，说几句话，他的队伍就会乱了吗？跟他一起治水的工匠们就会指责他吗？不会，正如我们前面说的，亲人之间的惦记、思念，人人都能理解，队伍并不会因为大禹进了家门就乱了。

正是因为时间之久，思念之切，三过家门都不入才体现了大禹的自制力，他是治水的统帅，他要以身作则，顾全大局，想大家而丢小家。也正是因为能进家门，人人都能够理解，他才更不能进，这体现出他与大家一样，没有一点的特殊化，他要和工匠们一样，把对亲人的思念深深地埋在心里。

大禹的可贵就在于他在治水时是统帅，在生活上却是普通的工匠，他的这种"神"性与人性相统一，更凸显了他的伟大。所以他治水能够成功，也深受人们的爱戴和崇敬。当然，我们不可能这么直接地告诉学生，但是，我们可以通过比较，通过找课文中的关键词，通过打比方，让学生在讨论中理解。

教师教学要有高于学生的判断

背景：《狼和小羊》一课的教学，开始时很好，当上到狼扑向小羊时，教师引导学生展开想象，学生因为同情弱小的小羊而各出奇招，结果教师被孩子们的激情感染，被学生牵着走，教学偏离轨道，连课文的寓意即本质的东西都弄错了。

课文的前半部分教得相当好，学生觉得很快乐，而且情绪高涨，教学显得聪明睿智，从学生的反馈看，学生学得也很扎实。到了后半部分，教师教得有些急了，对孩子的回答缺少判断，特别是在引导学生想象结尾时，不知道收，被学生牵着鼻子走了。教师教学要有高于学生的、属于自己的判断，不要被学生的"急"所感染，也不要被学生的结论左右，应当保持清醒的头脑、沉着的心态，引导学生冷静多思，并趁学生思考、讨论的时机想方法换角度引导。同情弱者，关心弱者，拯救弱者，憎恨狼的凶恶，我们能够理解孩子的同情心和他们的美好愿望。但教师不能这么教学生，而应当回到课文，不脱离教材地进行教学，要让孩子感悟到，这种美好的愿望只是我们的心愿，再从课文的悲剧中，去揭示狼的虚伪本质，让学生真正领会到寓言的寓意。

视教师性格与上课实情进行建设性评课

背景：一教师上《生活中的数学》，教师教学基本功较好，课堂教学也很开放，就是在备课时忽略了一个知识点，学生思维发散提出问题后，教师一时无法解决。

……我深知你的性格，又全程听了你的课，所以今天给你的建议比较多，提供给你思考的课堂事件也多一些，我相信你能够消化才说这么多。其实，评课也没有模式和招式，而应当视教师的性格与上课的具体情况进行，黄瑞夷老师跟我这么久，知道我评课是不会重复的，没有某个具体的套路，都是依课堂实际和教室里具体的人而评的，不过，有时我也会有注意的点，如我尽可能地使我的评课被教师接受，并能激发他们有勇气、有信心，特别是有渴望再上课给我听。在大多数情况下，我采用"中性评课"，即建设性评课，不论是执教者还是听课者，听后反应都能有收获。

教育是慢的艺术

背景：陈老师上《番茄太阳》这一课。

陈老师的这节《番茄太阳》让我们看到了获得知识的过程的艰难，看似简单的课文内容，在教师营造的氛围里，依然让学生看到了许多的学习困惑。教学就是要让孩子看着、感觉着、触摸着学习中的困惑，在他们眼前呈现出更多的疑问，让孩子们在这些疑问中动起来。而在这个动起来的过程中，是需要耐心的，陈老师的耐心也正给大家展示了我们课题的观点：教育是慢的艺术。不同的人获取知识所花的时间和付出的努力是不同的，也正因如此难，才需要更多的关注，更多的宽容，才要向苏霍姆林斯基一样去思考学生的迷惑、思考学生的"懒"。教师教学千万不能让学生感到厌烦，感到学习知识的疲劳，如若是这样，就离教育目的更远了。

课堂需要一些技术的约束

背景：数学测量课上，教师用竞赛的方式进行分组教学，在分配时学生觉得不公平，有争吵、有情绪；教师让学生量门，量的结果差异较大，教师把关注点落在数据的准确度上。

应当说，教师在这节课的教学中，还是选取了多种方式进行教学的，课堂比较开放，学生的热情也很高，整体上看效果还是不错的。不过在一些环节上出现了争吵、无序，也就是不必要的"闹"，这需要我们教师运用教学技术来解决。如事件一，两个小组的同学认为不公平，分配的同学偏心，有向自己组倾斜的嫌疑，这样的争吵是完全可以避免的。国外就有这样的案例——两个孩子平均分配好吃的零食，让其中一个分，分好后，请另一个同学挑选，这样就无话可说了，事情就很好地解决了。事件二，当学生情绪过于亢奋时，教师就不要再说些煽风点火的话了，你越想通过语言来让学生安静，学生就越难安静，但如果你及时地出一道很有趣味或很有挑战性的习题让学生做，他们便立刻安静下来。事件三，引导学生量门，这是一项很有挑战性的举动，但我们老师不能把关注点放在测量结果的准确与否上，而更应当关注学生怎么量，这怎么量里包含了数学意识、数学情感，包含了学生的聪明智慧。教学要重视活动，操作比知识的获得更重要。

朗读是语文教学的最有力手段

背景：语文课《匆匆》一课的教学，教师有着极好的嗓音，又有达标的普通话水平和较好的朗读水平，可是她在课堂上不示范朗读，却又要求学生读出感情、读出层次，结果学生越读越达不到要求。

朗读是语文教学最有力的手段之一，也是语文教学最需要培养的能力之一，语文课离不开朗读，教师要求学生读出情感、读出层次，这是很好的方向。但我不明白老师为什么就不范读，她有那么好的先天条件，又有很好的朗读水平，为什么不能给学生示范一下，或是在学生读不出层次时，她带读一下？不要认为这是一年级班级里才有的事，高年级也同样要有，就是大学课堂，必要时也可以这么做，这不在于方法的行与不行，而在于有没有必要。教师的范读是很好的教学，语文课堂上的朗读要读到学生心灵处，让学生有心灵的震颤，仿佛天灵盖被打开一样。长期以来，我们的教师都习惯于经院式的教学，也就是讲授灌输式教学，我说你听，我问你答，这样的课堂大家也都有体会；学生总是猜测教师心里想要的答案，而进行你说、他说，最后选一个教师最认可的答案为标准。其结果是大部分人的回答都是错的，就如同人类一思考上帝就发笑一样。

举例与数学知识的本质

本文是 2012 年 12 月 24 日在苏州枫桥实验小学举办的"黄爱华与数学大问题教学研讨会"上,我听完黄爱华《圆的认识》一课后的即兴发言。

我今天是真正意义上来领略黄老师风采的,因为他跟我说过好多次很希望我能听听他的课。我听过他的讲座,参加过他组织的活动,包括听他对我的讲座的评点。我觉得他真的是一个有智慧的人、一个有智慧的数学老师。

我自己读书的时候数学一直都学得特别不好,学不会有一个"好处",就是对数学始终保持着一种好奇心,对数学老师一直都心怀崇敬。所以说,我对数学学科提不出什么看法,我这里主要从一个非学科的角度来谈黄老师举例中的井盖问题。我们这些年讲数学问题的时候会从生活中去找相关的实例,也就是数学的一些规律性的东西在生活中的应用,但是这种应用不一定揭示了其数学原理的全部秘密。所以,当我们举这个例子的时候，可以从井盖里推出一个数学知识，但是反推过去呢，不是所有的井盖都是圆的，它不能反推。现在有一些井盖就是方的，为什么是方的呢？因为以前井盖只有一种，就是下面是下水道的那种，但现在它有了更多样的功能，比如下面是地下线路。随着功能的改变、技术的改变、工具的改变，井盖的设计也可能随之改变。我以前也听过一些数学老师的课，经常发现老师举这一类例子，从这些例子里面可以提炼出一些数学知识，但是，你不能反推过去。这里面还有另外一个秘密，当某一些东西被创造的时候，比如井盖被设计出来的时候，除了受一些条件的限制，其实还跟个人的习惯有关系，比如说第一个设计者，他的趣味可能影响着某种形体的特点。所以，有时候我们举一些生活中的例子时，需要多度角思考这个例子是不是揭示了本质性的东西，再也没有别的可能性了吗？

我上次在黄老师的工作室谈到了一个词叫"冷慧"，这是大数学家、哲学家莱布尼兹说的，不知道有没有记错。他说，上帝也不能让 1 加 1 等于 3，它一定是等于 2，也就是说它是本质性的东西，在所有的生活中都能揭示出这个特点来。再比如说在生活中看到一个碗，再圆的碗其实从理念状态去审视它都是不圆的，因为再圆的碗都是经验层面上的，它不可能达到极致状态中的圆，所以你不能说它是世界上最圆的碗。

当我们举这一类例子的时候，不能把它说得太绝对。井盖一定是圆的？不一定。也就是说，黄老师在举这个例子时，会影响到教学的科学性。而且举这个例子还会造成一种影响，它会隐隐约约地限制学生的思维，比如说他以后去设计井盖的时候，他就会想我的小学老师一直跟我强调井盖就是圆的，他就很难摆脱这种观念的限制。这里面蕴含着教学中的一种想象力，我们让孩子们自己去想去推，要比直接给它下定义好一些。你直接给他揭示出"规律性"的东西，就会限制他对更多样世界的一种好奇心，而只有通过好奇他才会发现真正规律性的东西、本质性的东西。我经常听小学的课，作为一个外行，我经常会看到这些有趣的现象。

今天领略了黄老师的课，我还是很兴奋的，特别是第一节课上完后——我曾经说过，如果听到非常精彩的课，你的生理上会发生一些变化——整个身体系统有一种被打通的感觉，也可以说身体里分泌出一种生命肽，我就想上来拥抱一下黄老师。说得夸张一点，课堂上有一些知识被打开以后，就像人的天眼被打开一样，很容易让人热泪盈眶，这不是情感的问题，而是知识本身的魅力让你热泪盈眶。我觉得数学老师更重要的任务是通过知识让人热泪盈眶，而不是通过简单的情感让人热泪盈眶。黄老师今天做的这些事会让人感激，他会启迪更多的老师去成为这种让人天眼打开，让人整个感觉系统、生理系统都敞开敞亮的老师。

作文教学的八种思考

作文是从表达见闻、情趣到自我觉醒，到提升生命的过程

我们的作文课陷入了一个误区，就是怎么说就怎么写，教师引导学生写作，常常是让学生写话，写自己说的话，所谓"我手写我口"。其实，口语化的句子，写下来就可能有问题，书面语言与口语是有一定的差异的。所谓怎么说就怎么写，还有一个前提，就是怎么想就怎么说。我手写我口，是说写作要真诚，言为心声，表里如一，说真话，不说套话、假话，而不是指写"白话"。怎么想也是一个过程，不是简单地把看到的、听到的还原出来，或是将形象转为抽象的语言表达，而应当有一个觉醒与提升的过程，即作文是从表达见闻、情趣到自我觉醒，到提升生命这样一个过程。融入了个体情绪、情感、经验后的语言表达，才是我们的作文指导所要致力的。

从学生的生活经验和课堂反应教作文

作文是极个性化的，教师千万不要说"我教你怎么写"，不要去规范学生，而要去顺着学生作文做肯定与引导的工作，对学生的肯定还要夸张些，如一个不开口的学生开口了，应和他握手，问一问感受，鼓励他再来一次；上完课后，要同孩子亲切交谈，了解学生放松后的心情。这样教学你就会获得更多来自学生的信息，这对你的作文指导更有帮助。倘若你只是在课堂上介绍一些写作的知识，教学生怎么去思考，从什么角度切入才可以得到更高的立意等，学生就完全被动，没有了自己的体验介入，也没有在内心激起情感的波澜，这样你说他能顺着你的教而写出令人满意的作文来吗？陆游说"功夫在诗外"，不仅写作如此，教学也是如此，有时跳出作文的框框教作文，从学生的生活经验和课堂反应教作文，效果可能会更好。

不要吝啬课前的谈话预热时间

这节作文课从学生的日常生活出发，选取了学生时刻都能见到的素材，采用戏剧的方式呈现给学生，让学生兴奋、吃惊，在吃惊中有了要说的话，要表达的情，一切都很自然朴实，学生写作文是水到渠成。我们也看到了学生异常精彩的思维呈现，有很多都出乎我们的意料。学生有这么好的觉悟，为什么还会显得拘束，课堂气氛不是特别活跃呢？为什么学生有感、有悟却不能主动举手，而非要老师点名才说呢？这里有一个很重要的却被教师忽略了的环节，就是课前的预热活动没有到位，没有让学生彻底放松，教师急于上课而忽略了学生拘束的情绪。所以，公开课不要吝啬课前的预热时间，这是振奋学生，让学生进入课堂的有效之道，是上好课的前提；牺牲的一点时间会在课中得到回报，这是磨刀不误砍柴工。

把带有普遍性的问题推到"类"上来解决

这节作文课有一个很重要的教学事件被教师忽略了，当老师问一个学生课堂上会被提问几次时，这个学生成绩可能比较一般，他说开学已半个学期，到现在还没有被提问过一次。我看到老师愣了一下，但他没有给孩子一个反馈，就提问别的学生了。然而这是一个很有价值，很能说明教育问题的事件，一个需要我们教师反省的事件，你想一个活生生的人坐在教室里，半个学期了，那么多学科，那么多节课，没有一个老师把目光落到他的身上，这种很少被关注的孩子，他的学习热情能高吗？没有学习的热情，他的成绩能提高吗？孩子就是这样被边缘化的啊。所以，如果我是老师，我会首先向孩子道歉，说自己上课时没有注意到他的举手，没能及时地给他机会；然后，向全班同学检讨自己以前在教学过程中，也可能忽略了这类孩子，请同学们今后要监督与提醒，不能让老师再犯这样的错；最后，向这个孩子表示感谢，是他提醒了老师，而且提醒的不只是我一个人，还有所有在座的听课教师。这样就把这个带有普遍性的问题，推到"类"上解决了，而不是无视这个问题，或者就问题论问题地去批评孩子的原任教师，从而避免了尴尬。

习作教学是一个从本能到更高本能的过程

今天这节课上得朴素、清新，教学中教师没有故弄玄虚，也没有造作的语言、语气，与学生的交谈很自然、亲切。从教师的语言和表达上我们看到了教师的文学功底，课堂设计的层次感十分突出，可以这么概括：对生活的回应，自然的表达是学生生命的真实流露；在与同伴的交流中受启发，是生成；在教师的引导下变化，则是提升。习作教学就是这样一个让学生的写作意识从本能到更高的创造性思维提升的过程。

作文教学要有对学生阅读的鼓励

我听过很多老师的作文课，都有这么一个相同的问题，即认为作文教学就是作文指导，老师在教怎么选材、怎么写上下了很大的功夫，却很少在作文教学中与学生分享自己阅读的环节，也很少对学生的阅读有鼓励的语言。我们都知道一个简单的事实：我们读的要比写的不知多多少倍。读了那么多才能写那么一点点，这是写作的规律，写作离开阅读这个肥沃的土地，是很难生长的。

一堂课，三种思考

习作课课堂背景：Y 老师的习作课，以"有趣的……"为主题进行写作。老师首先讲授写作的模式——怎么写"趣";然后让孩子当堂练写，并选取一些习作，对优秀的进行分析，并针对一些问题进行评估和指导。

Y老师是一个很厉害的老师，在他的课堂上，帮助学生提高写作的素养这一目的是达到了。

但我听习作课，经常会有一些困扰：一方面，我们要教学生写作方法，在这么短的时间内进行写作训练，从课堂的安排来说，是有挑战性的；另一方面，这样一种教学生写作的方式，在我看来，可能有很多地方需要商榷。

其一，有些地方可能不需要教却教了；其二，有些需要教的地方，又没教到。

实际上写作本身的困难在于：它常常是非常个体性的，对学生的指导是要有非常强的针对性的，而且学生在写作方面成长的差异性是非常大的，所以对我们的课堂造成了很大的困扰。

比如写"趣"的教学，就"趣"本身而言，经常是一种提炼。你去教学生写"趣"的时候，有时会教得特别无趣，这对老师来说，是一大麻烦。"趣"本身，是很难用教学这种方式来找到它的。"趣"，可能是一种更会心的、更会意的，有情境性的一种状态。这是我的一个思考。

第二个思考，其实不是针对Y老师的课堂，而是针对小学的习作课堂，我会思考得更深沉一点。我很担心：我们这样教的学生，他今后走向哪里？我们这样教的学生，他今后在写作上会成为什么样的人？我们这样教，本身有没有一些误区？

在课堂上，我会这样想：要防止我们的学生被老师教傻了。孩子本来不傻，老师教着教着，把他教傻了。为什么这么说呢？第一，老师教得太多，学生只能跟着老师走，慢慢就形成了一种惯常的意识，这个套路是老师给的，孩子写作就越来越套路化；第二，我不太主张在小学作文里，老师评得太细。对孩子而言，评价就是一种引导，老师评得越细，引导得越具体，对学生的干预就越强，学生就越容易认同老师的这种评价。

我虽然没有这样的教学实践，或教过孩子写作，但我以前对我的孩子采取了"三不"主义：不指导，不评改，不细看。当然，大家可能对不细看争议得比较多。为什么不细看呢？因为我觉得，孩子在成长过程中，他有很多问题是这个阶段的问题。凡是他会重复学习的地方，我们不一定要教得太多，因为孩子有自我教育的可能性。

第三个方面，在课堂上，老师读范文，包括老师对优秀文章进行点评，其实都形成了老师引导的一个大方向，这会造成孩子趋同性的特点越来越明显。大家都这么写，所以就相互模仿。

这是我对习作课堂感到忧虑的地方，不完全针对某老师的课，我只是把这个话题提出来，大家可以进一步地探讨。

仿写作文的课堂重点

习作课课堂背景：来自台湾的老师出示一篇例文，然后让孩子仿写，当堂完成。完成后，老师选取学生习作，针对表达得准确与否、理解得到不到位、写作是否生动等问题进行具体的分析和指导。

我作为一个福州人，对老师这样的表达方式感到非常亲切，我们有共同的语言、语调，还有情意方面的一些共同背景。

这个绘本，对孩子来说，要理解爷爷、奶奶之间这么真挚、深厚，甚至有点复杂的感情，是有点困难的。理解的困难不在字词方面，而在情感方面。解决困难最好的方式就是，让孩子去读，在老师的引领下，反复地去体验。

当然，我们不必让孩子领会得多么深沉、多么深刻，实际上，孩子在读的过程中，是会获得一些共情的，就是说人类最普世的这种情感是不分年龄段都能有所领悟的。在小学教学中，让孩子用自己的方式去理解更为复杂的世界，这是我们的教育很重要的一个目的。

在教学中更为重要的是，我们所要达到的目的并不是深刻、准确的理解，而是让孩子对美好的情感产生一种向往，并从自己身上也体会到那种美好的情感。

所以，我觉得在这个年龄段，要尽可能放低对孩子教学的要求，更多的是要肯定孩子个人化的阅读体验。另一方面，对孩子而言，仿写是有一定难度的，我们千万不要小看它的难度。也就是说，写作的要求对小学生来说，一直都是非常高、非常困难、非常有挑战性的。有时在课堂上，老师为了解决这个困难，会教得太多。教太多，对孩子而言，反而是不利的，会使得孩子的体验系统以及表达的可能性被堵塞。作为一个教师，你不要过高地期待孩子能够写出什么，或者能够仿写什么。

我认为，教师在课堂上要给予孩子更多鼓励性的、肯定性的评价，不要从精确、形象、生动、复杂等这些视角去评价，而要更多地去评价孩子的热情、参与度、自觉性以及他的个人性。这些方面的评价，可能会对孩子更好一些。

每一个人的语言发展，其实就是他自己的语言系统的发展，而不是我们教的结果。但作为一个老师来说，你要做一个推动者，要做一个鼓励者。也许，孩子开始时发展得比较慢，但写作能力的提高，恰恰是"慢慢地快"，老师的功夫往往体现在对待孩子的"慢"有足够的耐心上。也许，孩子的表达显得幼稚，或者说呈现一种低处的状态，但我们还是要给予积极的鼓励，给予积极的肯定。

我特别强调我们对学生的评价，要针对他这个个体。小学阶段的孩子有一个很大的特点：他们在表达上，或者在写作上的差异是非常大的。我们对那些慢的学生，更要有耐心，更要理解"慢"是孩子成长的一个特征，"慢"不代表其能力的低下。

关注课堂里的孩子

教学要关注孩子的兴趣

教学是要关注学生的兴趣的，教在学生的兴趣点上，学生就会兴奋，就能发挥潜能，从而使智力因素与非智力因素都得到充分的发展。倘若我们的教学，教师只想到自己怎么教，那学生学习的效果就会大打折扣。

如《鲸》的教学，教师觉得重难点是在说明的方法和鲸的进化过程上，所以在这两大板块上下了大功夫，但课堂的气氛不活跃，学生没能积极调动自己的思维与教师同步，所以在教学过程中，教师就教得很累。为什么呢？

学生小组讨论的过程与结果已告诉我们，学生的兴趣点不在此，而是：鲸生活在海里，却又是哺乳动物，那么鲸在海里是怎么喂奶的？这是出乎教师意料的，是教师备课时所意想不到的，但这样的兴奋点已在课堂上出现，教师就不能装作没听见，即便是不能解决，也要给学生一个交代，让学生的注意力转移，这样才能把学生的情感调控回来，让他们和教师一起探索课文的其他内容。

而若能顺学生兴趣之水而推舟，把教学重难点与学生的兴趣统一在一起，则课堂气氛就会活跃，教学效果也会倍增。

拓展孩子的广阔心灵

今天的课堂气氛异常活跃，学生展开想象的翅膀，充分地展示了孩子特有的创造力。每一个孩子都那样有想法，那么有热情，为什么呢？

因为教师的教学在学生的学上下了功夫，努力从儿童的视野出发，设计出丰富有趣的教学，特别是给予孩子创造性的想象空间，调动了他们的积极性，让他们在相互刺激中竞赛着，潜能被充分地激发出来。认识分数，理解分数，操作分数，创造分数，层层递进。

许多教师的教学只有两大部分——认识与理解，而今天的课堂上学生的特殊表现是因为教师在千方百计让儿童展开想象的翅膀，在拓展儿童的广阔心灵上下了大功夫。了解分数的历史，并尝试自己去"创造"分数，激起的不仅是学生的兴趣，还有想象力和创造才能。

把学生带入更广阔的语文空间

许多教师的教学都有着一种定式，就是教参、书本总是正确的，课本中的表达总是最完美的。在这样的教学理念指导下，教师教学的叙述方式，常常是单一的证明式教学：教师从教材出发，提出诸多的问题，并偕同学生的生活经验一起证明课文作者的思想、体验是正确的，语言文字的表达是最好的，因而教学总是在教材上绕来绕去，没有个人的理解与感悟，没能拓宽学生视野，不能把学生带入更广阔的语文空间，让阅读成为一种分享，一种经验交流和情感沟通，一种心灵的碰撞。如《小音乐家扬科》的教学，我们就很容易受思维定式影响，引导学生去证明那个时代的黑暗和封建主义制度的罪恶。

只存在差异不存在差生

背景：听了一节二年级的数学课，课堂开始时有序，10分钟后从热闹走向无序，教师组织教学很累，开小差的学生依然很多，虽然有几个老师听课，但对学生并没有多大的影响。

我们教师上课有时需要考虑"当学生都会了，我该怎么办？"

教师备课时不能把学生当成是一无所知的、零起点的。特别是一二年级的数学课上，常常会有这样的场面：老师要教的学生都已经会了，如果教师不能正确处理学情，及时调整教学，课堂就不能给学生带去新奇感，学生就会因没什么可学而开小差，各做各的事。

仅盯着教学知识点，也会让一些孩子失去学习的兴趣。

教师们口头上所谓的"差生"，实际上是不存在的，在一定程度上，可能是由教师教学缺少新奇感与思维的挑战性造成的。一些孩子精力过剩，你教的他都会了，他就不再想学了，那怎么办？就捣蛋了，经常捣蛋便被老师认定是"差生"了。这其实是因为教师教学只盯着知识点，而没有考虑到具体的人是有差异的，能力是不平均的，有的人接受得特别快，即所谓的一点就通；有的人则需要反复地教，通过间歇式地强化才能掌握一半。而这种差异性正是我们教师要研究的课题。

让学生从课堂中得到欢乐

背景：教学课文《四季》，教师让学生扮演各种角色，并让学生说出自己的特点和所扮演的这个季节事物的特征；课堂气氛非常活跃，学生沉浸在愉快的扮演与表达中。

这节课的内容不多，也容易理解，但是由于老师利用学生天性爱玩的特点巧妙地组织活动，我们看到了一个别致的场面：学生情绪高涨，精神饱满，全情投入，表达生动，即便是平日里不爱说话的学生，在这节课上也有多次表演的经历，只是说得不是很流利。

但是，我们看到了孩子爱说，想说，卡壳了也没有羞愧感，也不会因此产生不再表演、发言的心理，这可谓充分调动了学生的积极性，让学生乐在其中，对课堂充满了依恋。

可以这么说，充满欢乐的课堂不一定是好课堂，但没有欢乐的课堂一定是乏味的课堂，所以教师更重要的是要设计好课堂活动。活动给孩子带来的收获远远超过你枯燥地讲授的那点知识。学生从课堂活动中得到的快乐，可能会让他铭记一辈子。

别让学生的主动性从教室里消失

今天这节课，我们看到了一个非常精彩的亮点，就是学生很能评，而且在评的过程中有一种特别的表情和眼光。

我们看到了，当一个学生发言时，大多数的同学会注视着这个发言的同学，这不仅是一种倾听，更是一种鼓励与欣赏。

这节课让我想到，我们许多的课堂里，学生的主动性是怎样从教室里消失的。都说一年级的课堂最活跃，越往高年级就越逊色，我们只会说是因为孩子大了，越来越知道害羞，却没有思考许多学生是因为遭受了太多的打击与挫折，没有想到学生回答问题如果不正确，那教师的眼光、同学的讥讽会给他们带来多大的压力。

所以许多孩子回答问题，表达观点，会产生很大的评价焦虑。教师的宽容与鼓励对孩子的成长是多么重要。今天这节课上，孩子的信心是从哪里来的？就是教师平日里与孩子平等相处，相互尊重的结果。这个实验班从一开始我就参与其中，到今天，六年级了，孩子阳光般的心态真让我感动。

不要把学生推向边缘

背景：一堂数学课上，有几个小孩子始终被教师忽略，这些孩子除师生问好的三分钟中与教师有联系外，直到下课都在自己做自己的，当然，今天所教的内容他们什么也没听；还有一个学业可能不太好的孩子被教师提问后，老师似乎就忘了她，于是她一直站到下课。

关注学生不是理念上的，也不是口头说一说的，而是行动上的，是要在我们的行动中落实的。看一个孩子我们不能只从学习这个角度去评价他、对待他，而要从生命平等的高度去尊重他。一个学生学业提不高我们要负一点责任，但是如果把他推向边缘化的境地，我们就要负全部责任。

把培养孩子的表现欲当作目标来实践

《搭配中的学问》这节课上，我们看到了孩子的表现欲极强，这种热情与我们教师教学时创造的气氛是分不开的，也与教师的备课设计密不可分。正是由于有这样的充分准备和教师不错的教学功底，才能让学生有思考、表达的愿望，这是很让人欣慰的场面。

不过在教学中，我们还是看到了教师们教学都有的一个现象，就是为了后面的教学，为了能在一节课里完成事先准备的内容，而不得不往前走，不管学生表现的欲望有多强，无论在某一次争论中是否看到了孩子的智慧，老师总是提出先暂停，然后进入下一个环节的教学。这是将调动学生的强烈的表达愿望视为一种完成教学任务的手段，而不是将培养人看得更为重要，不免有些本末倒置了。

在教学中，在很多的场合里，我们都应当把培养孩子的表现欲当作目标来实现。这样在教学中，教师就会将注意力从知识转移到人身上，更注重个体的成长。

课堂上不要吝啬给学生活动的时间

许多的课都有一个共同的特点——学生开始活动，在感到最开心的时候，下课铃响了。我看到的是学生兴奋的脸上涌现出一股无奈，在开心的时候来了声叹息。

仔细想来，这又是我们老师的"高明"之处：总是把课堂活动安排在最后，有时间就活动，没时间就取消活动下课，从而很机动灵活地控制时间。

这样，老师好了、放心了，可是我们的孩子失望了，他们努力一节课，好好地"配合"教师，跟着紧张了一节课，好不容易等到可以放松时，却偏偏下课了。

有许多的活动，孩子们热衷于参和，不仅能培养兴趣，而且，学生还真能从中学到不少知识，锻炼动手能力。可是我们的教师总是将课堂内容安排得过多，对学生活动的时间非常吝啬，而且一而再地这样设计，从没意识到这是个问题。

培养孩子健康的课堂心理

背景：听了一堂二年级的课。有好多学生已掌握了知识点，就显得很不耐烦，有的与同桌打闹；有的举手没有被叫到回答就捣蛋；有的干脆做小动作不理会老师。又有一半的学生听不懂老师所教学的内容。

教师教学不仅要关注教学的知识内容，更要关注学生的学习心理。对学生的教育，不仅仅是守纪律的规范教育、思想教育，还应重视心理教育。

有些学生的表现，反映的并不是思想问题、态度问题，而是心理问题，我们老师上课要善于观察，要培养孩子健康的课堂心理——不因自己会而不参与，不过分表现自己，对同伴不冷漠、不嘲笑，有耐心、能倾听、能包容。这是我们老师所要注意和关切的。

培养孩子的课堂专注力以及谦让、理解同学的品质

背景：教师教学《影子》一课，导语是早晨在操场上玩踩影子的游戏时，你发现了什么？学生兴奋，回答活跃。因此而铺下课堂底色，一整节课学生都兴奋而且浮躁：教师让学生读课文，学生不到一分钟就举手，表示读完了；教师让学生把书里的生字圈起来，并注上拼音，学生不到一秒钟就举手，要答。当真被提问到时，却又读不清，而其他同学又急不可耐，要亲自回答。呈现出吵吵嚷嚷的课堂场面，老师不得不在课堂上批评学生。

我们都知道低年级教师需要特别关注学生的课堂专注能力，为了保证学生注意力的集中，我们常常采用有意注意与无意注意交替的方式来吸引学生，刺激学生，这点我们教师做得不错。

但是，对低年级学生能力的培养还要注重一点，这也是常常被大多数教师忽略的，就是要培养学生对同学的谦让与理解的品行，这也是对孩子

的学习品质的培养。当一些学生学习有困难时，特别是发言费时间时，我们教师不仅要体现出极好的耐心，也要引导其他学生和自己一样，理解他们，能等待他们；对一些在自己看来很容易但同学不一定能答对的问题，教师提问他人时，要能表示理解，能够谦让。

对此，教师除了要亲自示范外，还有必要直接用语言提醒学生，可以夸奖已经这样做的学生。

让学生看见老师对他们期许的眼神

背景：上语文课《影子》，针对学生课堂上的亢奋情绪、争抢表现以及吵嚷的场面，教师不得不批评学生。

活生生的生命是多样的，也是灵动的、可爱的，但有时也是无法预计的或者说是我们难以琢磨透的，因而在课堂上就可能会出现许多令人意想不到的事件。在对这些事件的处理上，我们看上去好像是即兴的，但这即兴的后面有着更为深刻的东西，它与教师的学养、人文意识或文化积累相关。

一个平常的老师，平时关注得更多的是规则，或规则后面的惩罚措施；而一个优秀的教师，他关注得更多的是对学生的期许，他能通过自己的眼睛让学生看到他对他们的期望，从而更温柔地解决课堂上的一些小事件。

不让学生的原创思维受到抑制

背景：《凡卡》一课的教学，教师提出许多问题，学生的回答就是没有那么准，因此教师牵着学生走，获取的都是在我们成人看来更准确的结论，最后教师教给学生正确的学习方法，并让学生试着应用，即所谓"从扶到放"。

从课堂的师生对话中，可以看到教师在备课时下了大量的功夫，方方面面都备得很细，教学过程很流利顺畅。

但在听课时我就在思考，我们教师教学时是不是要这么强？课堂上有强有力的主导，学生的成绩当然会较好，但学生的原创思维可能会受到抑制。当学生自己的猜测在学习中一次次地被否定，他会不会产生等待心理呢？反正自己想的总是不准确的，老师的答案是最好的，等老师公布后再记；还有一种可能就是，他们会去琢磨老师的答案，而属于他自己的真正的思考终止了。

另外，学习方法是很难从一个人那里传授给另一个人的，它更多的是要在实践中感悟的，可以这么说：精确≠优化≠创造性≠马上实施。

及时满足孩子的精神生活

每次当我听到教师在课堂上给孩子们灌输学习的目的时，我就会想到苏霍姆林斯基的一句话："不要把学习当作是为明天的完满生活而准备，应当今天就满足孩子的精神生活。"可能我们当学生的时候就是这样被教育过来的，总是今天苦一点累一点不要紧，要为将来打基础，即所谓"黑发不知勤学早，白首方悔读书迟"。我们惯于用先苦后甜的观念来教育下一代，却不曾想过：今天的苦真的能带来明天的甜吗？今天甜了明天就一定要苦吗？这么说吧，活在今天的痛苦中而祈盼遥远而不可知的未来，会使儿童因长期痛苦而有惯性，当幸福来临时，他已麻木不知享受。

让学生在学习过程中变得鲜活、 聪慧而有自信

教学不是把课本中的知识，通过教师之口传递给学生，而是引导学生在学习这些知识的过程中，变得鲜活起来，聪慧而有自信。今天这两节课《数星星的孩子》《认识钟表》，就很可喜地让我们看到教师在学生身上所倾注的努力。引导、培植孩子对知识探求的兴趣，远比获得一个答案有意义。首先要意识到教学过程是人的活动过程，建立在人的活动之上的一系列情感、观念、价值、态度都有其特殊性，要在人文性之下派生出教师的目的、手段。如果学生对学习感到压力大，感到厌恶，那么教学活动就只剩下学习而没有了智力活动。

当教师身处课堂之中

教师教学一定要葆有自己的那一分本真

背景：小组合作学习《我家跨上了信息高速路》，整个教学过程让人感觉像排练过似的，显得非常造作、矫情。

教师教学一定要葆有自己的那一分本真，不能因为公开教学而把自己当成了一个教学过程的机械执行者。所谓的生命在场首先就是我是我，情感是发自内心的，而不是来自外部的需求；然后是说自己的话，表达自己的真实思想，上课宁可朴实些，也不要忘了自己。合作学习也是一个慢的过程，不是你一教他就会的，可以这么说，"合作"是一个长期的过程，一个人可能一辈子都在学习与他人合作。我们的教学太急了，我们容易把新课程要实现的目标当作起点，达不到时就造假。如果能把新课程标准当作追求的结果，就会更多地还原出课堂的本真状态。

教师的语言要先丰富起来

背景：《跨越海峡的生命桥》课堂教学。

我想从师生课堂语言的表达这一角度来谈谈本课的教学。

课堂上我看到了一个现象，当教师提出一个较复杂的问题，或是要求学生有感情地朗读课文时，所有的学生都会不约而同地把眼光射向同一个人——语文科代表。

在今天的课堂表达上，这个学生能有较好的语言表达能力，也能较有感情地朗读课文，而其他学生相对而言，朗读不仅谈不上感情，而且读得不是很通畅，在回答教师的问题时，也大多是用单词或是短语。这表明学生的语言相当贫乏，这让我们不得不反思这些学生曾经的学习历程、原有的学习基础，可能原任教师在这一方面比较弱，而且没有培养学生积累、应用语言的习惯。

过去的我们无法挽回，但是现在，教师要有这样的意识——让语言丰富，要有意识地让自己的每句话都说得复杂些，不要用一两个词说出，要添枝加叶，多用些词，并在课堂上尽量不用家常语言，多用书面语言。要让学生的语言变得丰富，我们老师的语言要先丰富起来，要在你的日常教学、日常谈话中给学生以影响，给学生以榜样。

教师是集多种角色于一体者

一个老师以怎样的精神面貌走进课堂，他就会给这个班级带来怎样的精神面貌，教师的素养、理念，可以从眼神、语言、动作等细节中体现出来。一个具有生命意识的教师，会关注那些在班上很少有机会表达自己、展示自己的学生，当这些孩子回答问题支支吾吾，半天都讲不清时，教师会显出特别的耐心，会引导其他孩子倾听他，尊重他，教师深知孩子支吾思维的价值，眼神是柔和而充满期待的。教师是集多种角色——导、演、调、说、评等——于一体者，一个教师感情越丰富，知识域越宽广，在课堂上就越自如，越能把孩子带向更广阔的天地。

课堂里教师要有更多的积极暗示

课堂里教师要有更多的积极暗示，驱除或尽可能减少消极暗示。

我们总是生活在消极的暗示中，长辈们总爱用"你真傻，怎么能这么说话呢""你怎么这么不聪明啊""你太差了""你笨手笨脚的"等这些语句来评价我们，潜移默化间我们也就这么认为了。我们的老师总爱对孩子说："你脑子是不是有问题啊""你怎么和呆子一样，木头人吗""真是弱智，这都不会"……温和一些的是："你啊就是数学不行""你没有音乐天赋，一开口就走调""其他都还好，就是遇到要动脑筋的就不行了"……这些消极的暗示是很可怕的。

当然，我们一下子看不到它的危害，也无法预测它对孩子的成长会造成多大的影响。但长期的消极暗示对孩子的成长是相当不利的，课堂里教师要有更多的积极暗示。比如："不用着急；相信你能想出来""我知道你这方面最牛""现在暂时想不出来，过一会儿灵感一到，便不成问题了"，等等。要给孩子信心，给他向上的力量。

没有一个教师是全能者

教学要从学情出发，也要从教师个人的特点出发，挖掘自身的优势，依据自己的长处而定出教学的策略，这远比平均用力，什么都想教，什么都要教强得多。

学生不会因为你什么都讲就收获得多，反而会因为你的特长打动了他们，给他们留下了深刻的、值得回味的并乐于和同学们议论的东西，那些东西在他们反复地思考、品味中真正成为他们的最活跃的知识，成为他们去应付新情境的本领，他们收获得更多。

本节课的教师声音极好，朗读能力又强，就应当充分发挥自己的这一优势，给学生范读、朗诵，读出你的激情，读出你的理解与感动，读出作者的心声，这比在课堂上泛泛地讲解不知好多少倍。教学有时可以用一些笨的方法，如学生朗读得不好，你可以让他反复读，甚至带读。好的朗读同样是一种理解，甚至是理解后的一种最直接的表达。

没有一个人各个方面都是强的，是一个全能者，关键是要能发现自己的优势。教师对待学生也是这样，不要去求全，重要的是要发现学生的个性、长处，给他们积极的引导，让他本应得到发展的优势得到充分的发展，这就是很好的教学了。

让课堂空出来一点

在这节课里，老师提出了许许多多的问题，可以说是以问题为主线来组织教学的，但是这些问题是非常琐碎的，很多问题都没有思考的价值，也有许多问题是没有考量意义的，学生只要重复一下课文也就解决了问题。一堂课除了朗读外基本上都是在问答，众多的问题把课堂塞得满满的，学生完全在被动地应答，这种随时准备回答的心理，会让学生的学习失去自主性。有时我想，我们的教学不妨慢一点，教师可以"休息"一下，空点时间出来，让学生也提一提问题，看看他们关注的是什么，看看他们不知道的是什么，看看他们有没有质疑的能力。

什么情况下会没有课感

投球、踢球有球感，语言有语感，听课、上课也有课感。这样的"感"是一种精神状态，是对职业的敏锐感受。

可以这么说，课感就是教师在课堂上的敏锐性。听课、上课有课感时，感情会特别兴奋，反应会特别灵敏，教师会表现得特别聪慧，对课堂里的事件处理得特别得体，课堂的科学性、艺术效果都特别好。

曾听黄瑞夷老师说，上课约15分钟后突然没有了课感，为什么呢？这节课上，教师为教学设计、教学程序所累。教学过程中，教师心里总想着怎么让某个环节有趣、精彩，想着怎么带学生进入这种状态，而忽视了学生当下的具体情况，不能从学生的反馈中获取有效的信息，并充分利用。教师一心从自己的设想、设计出发，造成师生的情感与思维方向的分离，当教师认为精彩环节已到，可是课堂上并没有出现符合教师心理期待的场面时，他就产生了茫然感，好像课感是从这个时候开始消失的。其实，一开始就已经偏离了。

所以我们在听课、上课时，在什么情况下会没有了课感呢？就是心中没有具体的、有个性的、活生生的人，而只有教材和自己设计的教学程序，只想着下一步要教什么，而不是想着学生这样反应时我该教什么时。这时候我们的教学就变成教书，而不是教学生了。

在无招无式中生出适合于课堂当下情境的新招式

教学时，教师心中装的不应是某种套路、某种模式或某种招式，这样他会忽视课堂上的某些有效的信息，会扼制学生的思维。教学过程中应当是教师自己有一定的高度，俯瞰学情，即兴引导，在无招无式中生出适合于课堂当下情境的新招式。比如本课《七巧板》的教学，这节课可以教得比较开放，可以让学生的兴趣在本课中尽情地得到满足。当教师听学生回答时，我们要听到的不仅仅是某个结论而已，更重要的是要听出学生发言时，他们的语言里所表现出的情感、想法、兴趣与自信，通过他们的回答来判断他们的思维，他们的活动情况、满足程度等，这样你就能更灵活地把握教学的进程，更好地激发学生的潜力。如果心里总想着备课时的套路，设计好的某招式，你就听不出学生发言里包含的更多信息，而只求一个结论，如同买椟还珠了。苏霍姆林斯基也曾说过，教材、教参是我们教师教学时所借助弹离的一个踏板。

评课，让教师自悟就是收获

评课不要说优点、缺点或是论成功、论失败地评，而应当提供事件，供教师参考、反思，让教师去自悟，然后产生重新上一次课的教学冲动。如果一个教师把另一个教师的课批得一无是处、体无完肤，一直到他哭鼻子，你想以后谁还敢开课？特别是一些公开课，总是与我们教师的年终考核挂钩，这给教师的压力是极大的，虽然我们总是说对课不对人，实际上谁也做不到这点，评课者总是从课堂教学去看教师的素养。其实，说优点、缺点地评对开课教师来说帮助并不大，大家只关心评的结果，并没有多少教师能从你的关于优缺点的评价中再去有意识地、针对性地实践。而提供课堂事件，供教师参考、反思，教师在反思中就会有自悟，这自悟就是收获，百思之后的自悟，会让人兴奋，他也就有了进一步再试一试的冲动。在实验学校就有好多老师对我说："张老师，希望你下一次再来听我的课，我会给你一个惊喜。"也有老师说："什么时候我再上一次课给你听，你看看这方面是不是有进步了。""你下次来，我再开课，如果没有进步，你罚我请客，如果进步了，请张老师请我，分享嘛！"当听到老师们这么说时，我也会有成就感和感到莫大的欣慰。

评价一堂课不是单一的某一时间段的问题

课堂不是孤立的，评价一堂课不是单一的某一时间段的问题。今天开课的班级有一年级、二年级和六年级，这些年级正好构成一个梯度，让我们看到孩子在学校教育下的变化。

一年级的孩子活泼可爱，课堂异常活跃，他们更多地保持了孩子所特有的率真，在课堂上的表现更多的是随心所欲，需要教师进行基本的常规教导，需要教师有更好的维持艺术；二年级的孩子有了一定的群体意识，基本能配合教师参与教学过程，能有效地约束自己的行为，并有积极与教师合作的倾向，教师的课堂教学可以更专注于教学内容的实施；六年级的孩子就更加懂事了，他们懂得公开课意味着什么，对教师有多大的重要性，因此他们能主动配合教师，积极参与教学过程，为教师分担压力，并尽力地展示自我最强的一面，课堂活跃也更加有序。学生的心态、学生的情感与规范性行为都是在日常的学习中养成的，不可能是通过这一节课里的几句话就能完成的。

这届六年级学生课堂的表现与表达能力，就更能体现出他们以前的教师所付出的努力、所打下的基础了，没有前任教师认真、严谨的教学，学生是不会有这样活跃的思维的。

课堂思考二十八则

一

课堂要有给孩子探索的时间与空间，比如学生有哪些自己的重点、难点？教师还要独立思考教材的价值，否则就可能培养孩子说假话，或使之被动愚钝。不要用"你想对某某说什么"这样滥情的提问。像今天这篇课文《小音乐家扬科》，我们不要一心只想教给孩子一个怎样的结论，我们要想一想这篇课文的价值在哪里。否则，我们只能得到一个即使没有教学，学生只要看一遍课文就能得出的结论。更不要用"扬科我想对你说"这样的所谓想象性的教学。

二

课堂上要注意避免学生的回答问题变成了老师与这个回答问题的学生

的单独对话，要避免细碎，要注意整体理解，前连后搭思考自己体悟到的感受。对培养学生某一方面的素养要做到肯定、坚决、有力度。一个善于表达自己积极情感的教师，总能够创造良好的、积极的课堂气氛，他总能在关注个体的同时，又注意到全体的学生，能很好地统一整体与个体的关系。

三

一节课不能给学生带来新体验、新表达、新知识、新感悟、新经验，让他们最后形成新思想，那是无意义的。如评价作文，学生朗读完自己的作文后，老师只会说一句写得非常好，讲的都没错，这就是一种很外在的东西，怎么评？

四

要让学生对自己感到惊喜。课堂的自由空间相当重要，教师的控制欲越强，学生自主的空间就越小。一个习惯于标准化答案，追求准确性的教师，是很难理解学生不确定的回答背后思维的矛盾、冲突和选择之难的，他们常常让学生的思维定式化，而没能想到不确定性正是创造性思维的价值，正是让学生在产生思考冲突后感到惊喜的源头。

五

没有自己的独特体验，没有一定的文学基础，无法对课堂进行驾轻就熟的拓展，就老老实实地把课上简单，教好课本中学生要掌握的知识，也还是有所收获的。怕的是故弄玄虚，花哨不成，又丢失了最起码的标准，连底线都守不住。

六

课堂准备得越多，内容越饱满，环节越繁杂，教学就越容易失去自主性，也就越看不到具体的人。

七

课堂上首先要让学生感受到自己是一个孩子，然后才是学生。

八

教学要回到具体的人，回到一个个充满鲜活个性的人，而不应该是一群抽象的设想的人，一个完全由教师掌控的人。具体的人是个性化的、灵动的、有差异的，正是复杂的差异性成全了教育学，也成就了教师。

九

教师在课堂上不必显得太聪慧，大智若愚更有利于孩子的成长，太厉害的教师反而让学生失去了他们本应有的鲜活与灵动。

十

我们有时更多的是用理智、概念去思考，而不是用心灵去感受。从生理的角度出发，用父母的眼光来看，老师的许多"冲动"会消失。孩子是很聪慧的，老师关注的东西，他们也会关注，你对孩子有着柔肠，孩子们也就会想方设法让你开心。用心灵去感受孩子的行为，我们的心胸就会变得开阔许多，就会有更大的包容性，包括包容别人的弱点、不足，甚至是过错。

十一

教师像教师，是从他的眼睛里透出来的，是他对孩子细心付出的结果。教师在场，就是教师关注学生的课堂气氛，用心灵与孩子互动，教师的眼睛与孩子对视。闪闪烁烁的眼神是看不到具体的人的，这就是不在场。人最需要改善的不是知识而是精神面貌，是想象力。

十二

语文课堂要有能使孩子们一辈子都回味、品嚼的课题。所谓教学不只是教课本，就是这个意思。比如肖川老师的"当我们将来为人父为人母时，我们会怎样教育自己的孩子呢？"比如《永生的眼睛》里我们怎么认识人的生与死的关系呢？无论孩子将来在什么岗位，走到哪里，这些问题都会让他们不断地回味，他们在不同的时期会有不同的认识。

十三

你最满意学生的什么？最担心什么？你最用力的是什么？你最想与大家分享的是什么？最值得你思考的是什么？评课之前，我常常会这样问开课的教师。这实际上是教师教学所要关注的东西，也是教师上完课后所要反思的内容。一个能经常这样去反思自己课堂的教师，是能够很快地成长的。

十四

我们对孩子是否有温存的理解？所有的人都会重复犯错误，甚至犯同样的错误，既然人人如此，我们又该怎样对待孩子呢？教师的智慧体现在高度地自我节制上。一个优秀的教师是有着很强的忽略能力的，忽略也是一种智慧，它是教师宽容、温柔与才智的综合结晶。

十五

　　教师在课堂的 40 分钟里，要始终对学生保持高度的警觉状态，引领孩子对知识怀有探索的热情，对学习保持表现的欲望，对探究过程充满信心和耐心。关于组织孩子怎么学，教师要动起来，充满激情地动起来，和孩子一起激动，同乐、同闹、开放自如，教师的语调变化要抑扬顿挫，小组合作要有激情，不要不重过程只重结果。如果教师严肃地立在讲台前，而要学生热情地动起来，这样的场面可想而知是很糟糕的。

十六

　　许多教师都有拖课的毛病，总感到该讲的东西不讲完就没有尽到责任，或是觉得精彩未出，一定要来这么一个高潮。其实这是一种陋习，也是对孩子身心健康的伤害。今天的三节课，都有拖课，特别是美术课拖了近十五分钟，这不仅影响学生正常的学习秩序，而且是很不科学的，影响孩子的生理健康；学生还没从这节课中回醒过来，新的一节课又接着来了，他的心理健康受到了影响。今后教师们一定要意识到拖课的危害性，不能再出现这样的现象了。

十七

　　希望我们的课堂充满更多的智慧挑战。教学首先要弄清的是"我已知道了什么",所以第一个环节是"就我知道的进行交流";然后是"我还不知道什么",所以第二个环节是"我质疑";第三个环节,还要有相似的文章介入,认识脚下的土地要提供更多的文本。

十八

　　课堂充满赞赏的声音才会充满人的温馨。赞赏有着无穷的力量,一个会表达同情与赞赏的老师,他的亲和力一定很强,一定是一个备受孩子尊重的老师。课堂里的每一个人都受尊重,这个课堂可能并没有什么特别的成绩;但是,如果课堂里的每一个学生都得不到应有的尊重,那么这个课堂一定是很令人头痛的课堂。如果不能让一个孩子自豪地抬起头来走路,那么教育就是空的,教再多的知识也只是死的符号。学习中的赞赏也是学生智力的养料。

十九

　　教师在课堂上要有敏感与警觉,就是要善于通过学生在课堂上的表情与回答的语言,去判断他们的情感、态度、价值观,去判断他们的学习思维，明白他们为什么会那样去思考，这样你就会知道自己上课时哪些是要讲的，哪些是可以留着不用讲的，有了这样的意识就可以慢慢讲到位。教学时我们还要不时地审视自己的教学习惯，教师一定要注意，自己在说话时一定要让学生清晰地听到，语调要从容、舒缓、丰富。因为你认为很清楚、明白的东西，学生未必清楚。

二十

语文课堂教学不要把学生带向一个终点，课上完了学习也就结束了，与课堂相关的思维与情感的运行也就停止了，而应当让学生感到余音绕梁、回味无穷，激起他们更加热爱阅读的热望。我们很容易就课文教课文，把自己的视野，也把学生的视野圈在一个小圈子里，这实际上是语文教学的一大忌讳。语文教学的外延是等同于生活的。不仅如此，我们更需要关注的是把学生引向更为广阔的阅读天地，从大量的阅读中汲取营养，从阅读中学阅读，正如苏霍姆林斯基所说的：在思考中学思考。今天，肖川博士也说：我们不能总是用儿童的语言去教儿童学语言，我们要用雅语，要用文学的语言去教学生，他们才能向更高的层次发展；课文教学也要有让学生回味而激起开拓性阅读的兴趣的内容。

二十一

人的很多思维可以在瞬间突破。让学生明白，只要我们用心就能创造出出乎意料的可能性；让学生明白，我们的表达与我们平时的积累、阅历有关，学生的差异性可以从这里得到清楚的验证。课堂是会有意外的，虽然有不可控的事件，但仍然是可以驾驭的。

二十二

表扬也是一种控制，它会使孩子喜欢老师。表扬是一种隐性的控制，手段比较高明一些，我们从课堂上就可以看出来，教师怎么表扬，孩子就怎么做。孩子们是很能配合教师的。怎么样用好表扬，教师可以把它当作一个课题去思考与实践。

二十三

阅读与写作都犹如下药，要微火煎服，不能急下猛药；评课、讲座也是如此，要看对象下药。

二十四

好老师的课堂，让我看到了孩子对教师那种依恋的目光，这在我看来是最美好的。老师用母亲似的眼睛去看孩子，这个班级的气氛就不一样了，就有一种温馨、和睦的氛围，就能从孩子身上看到大方、自信、互敬、自由的和谐之举。

二十五

每次听那些优秀老师的课，总会让我想到女教师在课堂上总是比平时漂亮。这里的漂亮不是指教师的姿色，而是指教师的精神面貌，是指从教师眼里射出的慈祥、亲切、温和的眼光，是指她丰富的面部表情，是指她与孩子、与课文一起同愁同喜的神态，是指她对学生有着母亲般的动作，给孩子一片温馨。

二十六

课堂上，我们看到他们的身体总是前倾，表情丰富，表扬的语言丰富多变。孩子在这样的课堂里总是特别活跃、开心、幸福，这也是一种传递。好老师的生命气象是学生的范本，带给学生的是阳光般的心理。教师所有美好的一面都在不知不觉中传递给了孩子。

二十七

在教师的嘴里和教师的表情上不能有"差生"的显露，每一个生命的诞生都带着一定的密码，有着神奇的色彩，孩子的未来不是我们教师能决定的。不能出现"差生"这样的字眼，这个词要被彻底废除。事实上也根本没有差生，因为没有界定的标准，孩子那么小，你怎么能知道他是差生？你怎么能预言他就没有出息？我们不能让一个孩子因为学业暂时的弱而被定论一生的差，不能让我们的语言与目光导致他承担人生中不该有的包袱。

二十八

可以说，教师在孩子面前是强大的，所以要有柔软的心肠和温和的外在表现，才能让孩子看到老师就像看到母亲一样亲切。在自由、安全的课堂氛围里，学生才敢去冒险、尝试，才有创造可言。教育家苏霍姆林斯基曾说："生命是强大的，能够战胜许多的困难；然而，生命也是极其脆弱的，只要老师一句残酷冰冷的话，一个淡漠的眼神，就可能会导致一个生命永久的枯萎。"

（注：本文来自黄瑞夷的听课记录。）

附：课堂教学之戏剧化与谈话风

本文系在生命化教育"大问题"教学（苏州）研讨会上的讲课。

今天是星期六，大家还都在这里，我相信你们都有学习的意愿。既然有学习的意愿，我希望大家坐到前面来，靠我近一点，这样，我能看清你们的眼神，我也可以从容地跟大家一起分享我的思考。你坐得越远，越有一种疏离感，从文化的角度来讲，这也是一种自我边缘化。我今天要跟大家分享的主题叫：课堂教学之戏剧化与谈话风。

我的讲课方式是典型的谈话风

我的讲课方式是非常典型的谈话风。我讲课的时候经常没有明确的框架，没有说一定要讲六点，或者八点，很可能，我的开场白讲了两个多小时，最后正题讲了十分钟就结束了。实际上，我是根据状态来完成我的讲课任务的。

今天这个话题，是我最近一直在思考的关于课堂结构的问题。课堂结构首先受具体的教学任务制约，每个老师都要去完成教学任务、教学计划、教学目标……那么，在课堂的四十分钟里，你要达成什么样的目标？对于教师来讲，课堂如同我们导演的话剧，教案则是这场话剧的脚本，所以剧情、角色、道具……所有这些你都会考虑好。有些老师上课，往往根据事先的教学计划、教学目标、教学任务、教学进展过程，将怎么提问、学生如何回答都设计好，但是，学生不一定都能说出老师希望的答案，这时候，一些老师就会不断追问"还有什么答案呢""还有什么思路呢"，等到学生终于答出老师预设的答案，老师才放松下来："对，这点是最重要的。"其实，"这点最重要"是根据老师的思路完成了他的教学的课本剧。

黄老师有非常强的结构能力

今天中午，我跟黄爱华老师说，从教学的设计来说，每节课都需要一部课本剧。但听了黄老师的课，我又会强调另外一种能力。他在课堂上有非常强的结构能力，也就是说，他非常清晰地、非常明确地知道，他上课的目的所在。这个目的，核心是要促进学生的真实发展。我为什么要强调"真实的发展"，因为有时候真实的发展跟教师的教学任务（要实现的目标）是有落差的。比如说，学生没有达到教学任务所要求的理解水平，黄老师就会把重点放在帮助学生去获得基本的理解力上。有些学生可能已经达到了这样的理解水平，黄老师的重点就会放在进一步深化对某个主题的理解上。课程大纲里的教学计划、课程标准提供了一个标准，但是回到现实课堂的时候，你就要回到学生真实的发展状态上来。真实的发展状态，是我们教学的立足点——教师始终要知道学生已经知道了什么，学生尚未知道什么，学生在所不知道的领域里，哪些是他知识的空白点，哪些是他知识的模糊点，哪些是他容易产生误区的地方。这样的教学，我们可以把它称为"课感"，也可以称之为"方向感"，还可以称之为教师在课堂上的"临场的敏感"。

无论你是一个多么有经验的老师，你都需要跟学生建立关系

黄老师现在的教学跟以前有细微的差别，他以前上课之前很少找学生聊天，但这几年我们的研究发现，无论你是一个多么有经验的老师，你都需要跟学生建立关系。我们把生命化教育首先看成是人与人的关系的教育，首先要建立的是人与人之间的关系，而不是教学的关系，更不是知识传授的关系、学习与灌输的关系。黄老师会卖萌，要学生称他"华哥"，我坐在台下心里想，我实在不好意思让学生喊我"文哥"，最多可能会让学生喊我"文叔"吧。我对自己的年龄的感觉跟黄老师不大一样，我会把自己看得更大一点，他却总是把自己看得更年轻，这是他比我可爱的地方。

话说回来，建立这样的师生之间生命与生命的关系，它本身就是教育文化最根本的一个实质。生命化教育大问题教学，强调的正是教学要建立在真实的生命基础上，研究师生之间在特殊的场景里面如何快速建立起人与人的关系。

了解学生，熟悉学生，喜爱学生，真实地帮助学生，引领学生去获得知识的成长、情感的成长，包括他们之间关系的成长，以及学生个人人格尊严的成长，这些工作应该成为每一位"生命化教育大问题教学"实验教师的教学出发点。

好的教学是一种人道主义

在课堂上，有些学生难免会因为表现不好而当众出丑，尤其在公开课上，孩子的低级错误可能会引发全班甚至全场人的哄笑，这个时候，老师的教学重点就要从授受知识转移到去"挽救"这个学生。黄老师说他曾经为了"挽救"一个孩子，整堂课用了二十多种方法来挽回他的尊严，黄老师的厉害之处就在于，他是刻意而为之，但所有的人都觉得后面的环节是自然而然发生的。

所以，黄老师的课让我有一个很深的启示，我意识到，好的教学应该是一种人道主义，充满了人道主义的温馨，充满了人性的美好。作为一个教师，如果你的教学没有建立在这样一个基本立场上，有时候教学是会杀人的，会毁灭了孩子对学科的感情，毁灭了孩子对未来的想象。这样的处理方式，本质上是对生命的尊重，教学现场是变动不居、无法预料的，作为教师，我们始终要有这样一种情怀，有这样一种人性敏感，有这样的随机应变的能力。这对任何一个教师而言，都挺困难的，但我们需要有这样的信念。

教师的角色是多维的

在具体的课堂中，教师的角色是多维的：既是教给学生知识的人，又是对课堂随时捕捉、判断、分析、辨析的智慧的引导者，还是掌握了课堂的进程的、像导演一样的人，有时又像一个演员，需要亲身做示范。其实教师的角色还有更多，可以一直分析下去。所以说，整个教学过程特别紧张，注意力要特别集中，随时要调整，随时要改善，随时要判断，随时要做出尽可能最恰当的反应。所有的老师都希望教学变得更容易一点，所以教师在做教学设计时往往会做得很精细。

精细的设计，从好的方面来说，它能帮助教师更好地完成教学任务，因为，设计得越精细，越有章可循，有一种基本的程式可以反复操练，教师在课堂上就有一种更强的把控能力。课堂的这种程式化，就是为了应对复杂的教学过程所想出来的策略。但是，如果你一直用这种方式教学，你就会被这个程式控制。你会更多地把注意力放在怎么来设计这堂课上，而不是现场去生成课堂的新元素，包括教学节奏、教学方法、教学策略。一个教师如果过于受程式化的控制，就会用一种比较表演性的策略来调节课堂，尤其是在有人听课的情况下，教师有时候就免不了去取悦现场的听众，从而在设计上搞出一些花样来，来博得大家开怀一笑，释放全场的紧张气氛。

化解"教学的恐惧",教师要有解读教材文本的能力

如何才能化解这种帕克·帕尔默所说的"教学的恐惧"呢?解决问题的办法就是提升自己对教材文本的解读能力,这也是近几年来我们一直在强调的教师应该具备的能力。甚至可以这么说,对数学教师解读教材文本的能力的要求,比对语文教师还要高,因为这涉及学科本身的科学性、规范性、准确性等方面的要求,数学的语言不是模糊的语言,数学的知识不是含混的知识,所以数学它有时就是"非如此不可"的。

但现实的情况是,很多数学教师在解读文本上能力有缺陷。黄老师说,你对教材文本的解读不足就会体现为你教学过程中的不足。我们去听课的时候,教师不能斩钉截铁地下判断的地方,往往是他的理解力或者是知识背景有问题的地方。你不能准确地把一个知识、概念传达给学生,这种不准确性又会变成学生学习知识的障碍。

黄老师把研修活动做得非常精细,这对我们的教学其实也是一个启迪:我们研究教材要怎么研究?我们对教材的解读要做到什么样的程度?这个"什么样的程度"对大问题教学来说,它确实是要抓住一种规律性的东西。这样,不管你的课堂设计得多么开放,多么注重调动学生的个人化解读,你都不会内心慌乱。当然,这对教师而言,要求更高了。

教学现场就是对教师学科素养的挑战

在课堂里,教师的临场反应中最核心、也最难的地方,往往就是对教

师学科素养的挑战。教师的个人风格只有异同，它们本身没有高低之分——有的风趣幽默，有的冷静严肃，但幽默有幽默的好处，冷静有冷静的好处。比如黄老师很幽默，但我们不必学他的幽默，尤其是年轻教师。我一直强调，幽默是属于中老年人的智慧，年轻老师的幽默，很容易流于油腔滑调。幽默应该是一种特别自然的、智慧的、艺术的流露，对年轻人来说，他还做不到。幽默是生命的老树上抽出的绿芽。一个人还没修炼到这样的程度，就不要随便模仿别人的幽默。你上得清澈如溪流，你上得宁静如水……你可以用各种各样的情感姿态、语言姿态，这本身没有高低之分，只是你运用到什么程度是有差异的。

课堂中更大的差别在于，有时候我们可以从你的判断、从你对课堂中一些问题的嗅觉、从你对学生的提醒中，看出教师本身的学科素养。我要特别强调的是：你虽然有师傅，但在学科素养上，师傅帮不上你什么忙，你还是需要自己去阅读，需要自己去研修，需要对学科有一种持续的、个人的解读。

这些年，语文教学比较强调直面文本，我想，数学也应该强调直面文本。不借助其他工具，自己先做一种"庖丁解牛"，看看能否解开……这个基本功是很重要的。

也许只有慢才是真正的快

我前面说到，一方面，课堂需要有一些结构，有一些基本的起承转合的套路，需要某一些技巧，包括调节学生、调节氛围、批评表扬学生等的方法和策略；另一方面，教师又要避免戏剧化。我要特别强调是，要避免那些过分的形式主义的东西，要避免为了达到一种现场效果而过分取悦现场听众，这不是真实的教学。教师应该极力避免让你的教学程序控制住了你对课堂的感觉。

我接下来开始分析谈话风。谈话风可以有另外一种表达，它需要回到生命的现场，回到一种自然的、亲密的教与学的关系之中（师生关系之中）。也可以这么说，一个敏感的老师，他总是会知道学生有可能会提出什么问题，同时对学生提出的所有问题都报以足够的热情，就像这个问题从来没有出现过一样。2012 年，黄老师在枫桥实验小学上课，孩子们后来在文章中写道："黄老师重新定义了数学，黄老师让我们重新发现了数学。"也就是说，好的教师真正点燃了孩子内心学习的愿望，使孩子发现了自己的能力，发现了自己思维的独特性，发现了自己身上蕴藏着数学的独特智慧。

在黄老师的课堂里面，我们的感觉特别明显，好像孩子变得特别聪明了，变得特别自信了，他们上台讲解、演示时，无论声音、神态，都显得更从容了。这是今天我们看黄老师的课和其他老师的课，会有的一种直观的差异。

我一边听一边想：他到底是怎么实现的呢？黄老师怎么就这么厉害？这真的值得研究。

黄老师一进课堂，从他跟孩子说话的神态、他看学生的眼神，甚至他说的第一句话开始，他就把孩子带到了一种"快乐的生命场"，学生在陌生人面前那种紧张的魔咒，总会被他用神奇的钥匙解开。孩子们在上黄老师的课时，总是会忘记了有人在听课。与此同时，他们又格外希望自己能在课堂上表现得更好一点，赢得别人的尊重，赢得别人的掌声。只要我们仔细观察孩子的神情，会发现，真的有很微妙的变化。

黄老师对学生这种积极的评价，细致的引导，是始终贯穿在课堂的整个过程的。他没有轻视任何一个学生，无论你回答得好与坏，无论你回答得到不到位，他都会给你恰当的回应。有时候，我们会觉得黄老师课上得很慢，因为他照顾了所有的孩子。但是，你千万不要忘了，也许只有慢才是真正的快。上午一个孩子说，"黄老师上得很用力"，其实这个慢就是在用力啊，慢才是细致，才是到位啊。黄老师的课看上去慢，但是这个问题真的解决了，学生就不会有疑难、疑惑，他们就可以走向下一阶段的学习了……

"如坐春风"的课堂

在我描述的、大家已经亲见的这个现场里，如果要做剪辑的话，黄老师的课堂，每一个细节，把它剪辑下来，都值得深入分析。你会想，这个课堂几乎就是"完美的"。也就是说，在黄老师的课堂里，从人与人的关系来说，它是符合人性美的；从教学关系来说，它是真正帮助学生成长的；从现场的互动情况来说，它是让人感到温暖的；从整个教育目标来说，它是帮助学生对数学产生情感的。我把这样的课堂称为谈话风的课堂，其实就是一种融洽的、多维的、随机的对话状态。

在这个对话状态里面，看上去不知道是谁在引领。其实一个好的老师，他都会努力让学生引领对话，让学生相互呼应，让学生有自己的创造性的发现。

谈话风的课堂与戏剧化的课堂，教师的位置有着根本的区别。在戏剧化的课堂里面，老师在前面走，学生跟在后面；在对话、谈话风、随机生成的课堂氛围里，教师是在学生中间的，他不是生硬的、很勉强地一定要走在前面教学生，学生感觉不是老师在教我们，是我们自己在教自己，甚至是我们在教老师怎么教我们上课。学生跟老师这种关系微妙的转换，就是我们在一起，我们在一起学习，我们在一起发现，我们在一起相互鼓励，我们在一起过着一种美好的教育生活。谁也离不开谁，谁都是有价值的。每个人的任何表现都不用担心会受到惩罚，会让人讥笑，课堂特别融洽……在这样的课堂里，学生才能感觉"如坐春风"。

我觉得，黄老师的课让我"如坐春风"。上这样的课，上50分钟就好像只上了20分钟一样，时间被我们忘记了。

当然，课堂里孩子会反映出不同的生命状态，有些孩子因为坐的时间太长，不可避免会出现倦怠，一些老师会觉得这类孩子"纪律性比较差"。但对于那些有敏锐感受力、有智慧的教师来说，他们会帮助学生克服这种身体的自然反应。这个时候，教师的某些技术很重要。黄老师其实蛮注重这种教学技术的，有时候我们可以说他其实蛮"炫技"的，但是他不是纯粹的、外在地炫技，他的技术始终跟学生的学习、跟促进学生发展、跟提升学生的感受力关联在一起。这种处理能力，需要日积月累，需要不断地自我修炼，需要不断地在具体实践过程中提升。

课堂教学也要"想大问题,做小事情"

今天中午,我还在想另外一个问题,大家来听课,总希望能够看出教育的某些门道。我听黄老师的课应该有二十几节了,也多次对他的课堂做过评点,我的评点更接近于课堂教育哲学,我以前没有想到这个概念。

中午我跟陈春老师说,如果说你跟黄老师有区别,区别在哪里呢?区别在于,黄老师有这种课堂结构能力。比如说,知识本身的难点跟学生真实理解的难点,是两件事,后者是学生真实地去理解、现场发生的那个难点,黄老师经常会对后者做细化的工作。黄老师很敏感,他善于捕捉,善于帮助学生去解决这个问题。"想大问题,做小事情",黄老师的细化工作,就是在"做小事情"。

从学科来说,黄老师还是很强调课堂效能的,他会很注重学生数学思维的发展。比如说,学生回答问题时,他是不吝时间让学生来表现的,这种表现对其他学生会产生积极的启迪,也就是某种个人的独特性会转化成班级的资源,他会做这个转化工作。同时,他还很注重强化,尤其在学生有疑惑的领域,学生感到茫然的地方,学生会产生困惑之处,他特别注重这种强化。

从写作者的角度来说,这个地方就是浓墨重彩,"来回折腾"。

听黄老师的课,你有时候会觉得他好像没教什么,但是仔细回味,就会发现,在重点的地方,他总是教得很用力气。这符合教学的真实。这个教学真实,就是学生已经知道了的不教,"大问题教学",你教的是学生心中的真问题，而不是学生已经知道的、一些自然连带的问题。

黄老师因为工作原因，不可能在一个班持续地上课，也不可能给一批老师长时间地上课，所以他这样的教学，都特别注重某种示范性。也就是说，孩子在这节课学到的方法可以拿去学习下一个知识点；而对于老师而言，老师可以从黄老师的示范中学习怎样上课。

伟大的学校从来不挑学生，伟大的老师同样从来不挑学生

如果要我对前面谈的内容做一个归纳的话，可以这么说，我们今天的教学（无论语文教学，还是数学教学），我们首先要思考：我们为什么而教？接着思考：既然我们是为儿童的发展而教学，什么样的教学方式是最有助于儿童发展的？教师需要用哪些素养、哪些个人能力去推动教学的实现？我们首先要做一个专业的教师，才可能无论面对什么样的学生、在什么情境中的课堂、在什么样的学校，都能够从容，都有专业自信，都有专业尊严。

中午我跟黄老师谈到一个观点：伟大的学校从来不挑学生。但在中国有些学校，一到高考结束就抢学生，这样的学校——哪怕是最好的学校，都是没有尊严的学校。伟大的学校为什么不挑学生，因为伟大的学校是发展不同学生的各自的伟大，这才叫"伟大的学校"，而不是把考试考得最好的学生收到这所学校来，关在学校里，最后什么都成就不了。

对教师而言，道理也是一样的——教师不应该挑学生，他不是只为某一些学生而服务的，虽然你整个的教学中会单独为某些学生上课，但是一个有智慧、有境界的教师，不应该挑学生。这一点对于小学教师来讲尤其重要。